BARRA DA TIJUCA, O LUGAR

AYRTON LUIZ GONÇALVES

BARRA DA TIJUCA, O LUGAR

THEX EDITORA
Rio de Janeiro
1999

Reservam-se os direitos desta edição à
THEX EDITORA LTDA.
Rua da Lapa, 180 gr. 804/05
Rio de Janeiro – RJ – República Federativa do Brasil
Printed in Brazil / Impresso no Brasil

ISBN – 85-85575-43-3

Capa
GERALDO JANTZEN
sobre aquarela do pintor alemão EDUARD HILDEBRANDT
(nascido em Dantzig, em 08/11/1918, e morto em 05/101969,
em Berlim), em 1844, com dimensões de 245 mm x 342 mm,
parte da coleção da NATIONALGALERIE, Berlim, onde está catalogado
sob nº 50, correspondendo parcialmente ao panorama da Baixada
de Jacarepaguá, parte, hoje, da Barra da Tijuca, pintada a partir
da Fazenda do Quitite (Condomínio Eldorado dos nossos dias),
onde se vê, ao fundo, a serra de Guaratiba e da esquerda para a direita,
a Pedra da Panela e as lagoas de Jacarepaguá e Marapendi.

Composição Eletrônica
VIDA INFORMÁTICA LTDA.

Revisão
DANIEL CAMARINHA DA SILVA

Diagramação e Programação Visual
ANTONIO HERRANZ

CIP-Brasil. Catalogação-na-fonte
Sindicato Nacional dos Editores de Livros, RJ

G624b Gonçalves, Ayrton Luiz, 1929–
Barra da Tijuca, o lugar / Ayrton Luiz Gonçalves. – Rio de Janeiro: Thex Ed.: Biblioteca da Universidade Estácio de Sá, 1999.
: il.

Inclui bibliografia.
ISBN 85-85575-43-3

1. Barra da Tijuca (Rio de Janeiro, RJ) – História. 2. Rio de Janeiro (RJ) – Bairros – História. I. Título.

99-0982 CDD – 918.1531
CDU – 918.1531

À pequena

Júlia,

minha neta
gerada, nascida e moradora da Barra.

SUMÁRIO

APRESENTAÇÃO

NOS ÚLTIMOS ANOS são freqüentes as pesquisas e livros sobre bairros cariocas, seguindo tendência da investigação histórica de criar novos objetos, decompondo totalidades. De histórias do Rio de Janeiro passamos para as histórias dos bairros e regiões, formadas a partir de sesmarias quinhentistas de imprecisas demarcações, remota origem de divisões territoriais de cunho religioso, político-administrativo, ou, mesmo, popular. Estas histórias locais, que já se contam por dezenas, cobrem espaços situados nos quatros pontos cardeais da cidade. Não são meras descrições topográficas, ou de evolução urbanística. Nelas percebe-se o passar das gerações, a ocupação econômica, o florescimento cultural, a arquitetura perdida ou presente, a mobilidade social, o fastígio e a decadência, se porventura houve.

A bibliografia dos bairros cariocas vê-se agora enriquecida com o livro do Prof. Ayrton Gonçalves, A BARRA DA TIJUCA, O LUGAR, que o autor nos concedeu a honra e a satisfação de apresentar aos estudiosos da história do Rio de Janeiro.

O título sublinha detalhe significativo: o lugar. O lugar não é apenas uma dimensão territorial, geográfica; tampouco o lugar onde se está. É, sobretudo, o lugar de onde se vê, se testemunha (História não procede do grego *histor*, testemunha?).

Morador do lugar há muitos anos, o autor testemunhou o crescimento da Barra da Tijuca, ora tumultuoso, ora planejado, porém sempre modificando a realidade, desde a antiga vida pacata dos cavalos pastando à beira-mar, sob os olhares de solitários banhistas, até chegar à contemporaneidade dos loteamentos e condomínios, e da ativa vida social e econômica. Uma comunidade não se forma apenas com problemas e sonhos, sucessos e malogros, solidariedade e trabalho do presente. Resulta, também, de todo um passado cujas raízes mais profundas o autor foi buscar quer em documentos que remontam ao século da fundação do Rio de Janeiro, como a carta de sesmaria de Gonçalo Correia de Sá e Martin de Sá, marco fundamental da ocupação humana da região, quer em jornais e revistas do nosso tempo. A Barra da Tijuca revela-se assim integrada em suas dimensões de tempo e espaço.

Pesquisa histórica e testemunho vivo, a obra do Prof. Ayrton Gonçalves – obra permeada de amor ao bairro e à história – veio para inscrever-se entre as essenciais ao conhecimento desta cidade de São Sebastião do Rio de Janeiro.

ELYSIO DE OLIVEIRA BELCHIOR
Do Instituto Histórico e Geográfico Brasileiro

Dados Biobibliográficos do Autor

– Natural do Rio de Janeiro.

– Bacharel em Química, com atribuições tecnológicas pela Faculdade de Filosofia do Instituto La-Fayette, em 1952.

– Licenciado em Química, pela Universidade do Distrito Federal, em 1953.

– Químico-tecnologista do Ministério da Marinha, lotado no Laboratório de Pesquisas Químicas, com as funções de Chefe da 1ª Seção e da Seção de Análises Espectográficas, de 1955 a 1976.

– Professor do Colégio Pedro II, de 1957 a 1989.

– Professor da Universidade do Estado do Rio de Janeiro (UERJ), de 1955 a 1991.

– Coordenador do Ciclo Básico de Engenharia da Faculdade de Engenharia da Fundação Souza Marques, de 1967 a 1974.

– Vice-Reitor de Desenvolvimento da Universidade Gama Filho, de 1976 a Janeiro de 1998.

– Diretor eleito do Instituto de Química da UERJ para o período de 1988 a 1992.

– Portador da Medalha de Amigo da Marinha, outorgada em 1971 pela Diretoria de Ensino da Marinha.

– Portador de medalha de 25 anos de exercício na UERJ.

– Cavaleiro da Ordem do Mérito do Exército, em 1997.

Trabalhos publicados

– Livro *Iniciação Química*, para o ensino de química no 2º grau.

– "O Ensino de Ciências no Curso Secundário", publicado na Revista *Delfos* da Universidade do Distrito Federal.

– "Ocorrência do Vanádio no Petróleo", publicado na *Revista Marítima Brasileira*.

– "Poluição Atmosférica por Óxidos de Nitrogênio", publicado na *Revista Souza Marques Engenharia*.

– "Ecologia Rural", monografia de conclusão de curso da Escola Superior de Guerra.

– “Química Tecnológica”, publicado pela Fundação Souza Marques.

– “Práticas de Química Instrumental”, publicada pelo Instituto de Química da UERJ.

– “O Dilema da Universidade”, publicado em ‘O Globo’, 08/09/90.

– Livro *Difusão da Química do Brasil*, publicado pelo Centro de Produção da UERJ.

– “História do Laboratório de Pesquisas Químicas da Marinha”, publicado na *Revista Marítima Brasileira.*

– “3° andar – Instituto de Química” (História do Instituto de Química da UERJ), publicado no boletim da UERJ, XVI.

BARRA DA TIJUCA,
O LUGAR

Notas preliminares

A PRINCÍPIO fiquei na dúvida se seria correto apropriar-me de um texto alheio para iniciar este trabalho de pesquisa sobre a Baixada de Jacarepaguá e sua badalada Barra da Tijuca, mas, depois de refletir, acredito que, se vivo estivesse seu autor, o jornalista Ricardo Palma, certamente entenderia como homenagem a transcrição do seu escrito. Até porque ele foi publicado em um jornal que não mais circula, o *Diário Carioca*, e incluído em um livro, como prefácio, que também é uma raridade: "O Sertão Carioca", de Armando Magalhães Corrêa, em 1932. Há sessenta e sete anos, portanto.

O sabor do texto, lido agora é ainda mais fascinante, pois conduz o leitor a divagações, com conotações de incredulidade e, por quê não dizer, espanto.

Aí vai o que escreveu, há pouco mais de seis décadas, Ricardo Palma:

O SERTÃO CARIOCA

"Pouca gente, hoje, escreve sobre as coisas do Rio de Janeiro. E os poucos que escrevem, se limitam à história. Mas ultimamente um desses escritores, afastando-se do asphalto moderno e elegante da Avenida e deixando em paz a poeira venerável dos archivos, resolveu, como Fernão Paes, entrar pelo sertão.

Sim, embora o carioca da Avenida, do posto 4, dos chás e cinemas chics fique espantado, existe, nesta sua maravilhosa terra um sertão, como da Amazonia, em Matto Grosso, em Goyaz, em Minas e na Bahia. Embora menos bravio...

Tinha-me eu na conta de razoavel conhecedor das coisas do Rio antigo, do Municipio Neutro, do actual Districto Federal. Era uma pretensão como tantas. Mas bastou o professor Magalhães Corrêa iniciar a divulgação de uma série de reportagens interessantissimas para verificar que eu nada sabia.

É elle o sertanista que está revelando aos cariocas o Rio pelo avesso, o Rio que os cariocas conhecem apenas de fachada, na sua exterioridade realmente deslumbradora. Para mim, porém, cuja maior tristeza é a falta dum cajuado em que me encafunde, numa aba deserta entre quatro arvores, um fio dágua ou mesmo um poço, as revelações do professor Magalhães Corrêa são um attractivo tão empolgante que, de bom grado, se a mim coubesse a proeza, trocaria de prompto todo esplendor da Avenida Atlantica por uma das ribas encantadas de lagôa de Marapendy.

Sim, senhores, o Rio tem seu sertão. E que sertão maravilhoso, a cujas verdes portas se póde bater de automovel, em escassas horas, por optimas estradas! Que sertão sumptuoso, debruado de grimpas ainda frondosas, cachoando aguas de altas vertentes, ondulando em valles uberrimos, excavando-se em lagôas de fundo crystallino!

Quantos cariocas saberão, por ventura, que, a tres ou quatro horas do centro urbano, ainda se encontram onças, entre ellas a sussuarana e a jaguatirica, e capivaras, e estranhos simios, entre os quaes o guariba, que há muitos annos, Emilio Goeldi já dava como raridade nas serras de Therezopolis? Nos ultimos tempos da monarchia, ainda se caçava o queixada em Jacarepaguá; a paca abundava na Tijuca; o ererê e os patos em Manguinhos.

Mas, se a fauna por ahi rareou ou foi extincta, reside ainda, com o jacaré e grandes e vistosas aves aquaticas nos alagados a partir da lagôa do Camorim, e nos campos extensos de Sernambitiba. Tudo por ali é um vasto mundo ainda virgem, com o homem ainda meio primitivo, vivendo da caça, da pesca, do fruto silvestre, em rancho á beira do brejo ou da matta, solitario com seus cães, a sua quasi piroga, o seu páo de fogo, irmão do bacamarte, a sua rêde, a sua tarrafa, o seu isqueiro, o seu facão, a sua panella de bairro, o seu moquem.

Que surpresa para nós outros supercivilizados, que, de caça apenas conhecemos o gambá dos morros e, de pesca, o siry da Urca! Se a nossa imprensa, convencida de ser a reportagem a vida do jornal moderno, criasse premios para esse fascinante genero jornalistico, estaria eu cá pleiteando o premio maior para Magalhães Corrêa.

Quem, como elle, já se aventurou pelo sertão carioca? É justo notar, porém, que, erudito artista, reporter, elle não se limita a admirar, em conjunto e superficialmente, num enthusiasmo momentaneo, que acaba cedo e se perde depressa.

Ao contrario. Sua curiosidade é percuciente. De tudo indaga, tudo esquadrinha, tudo esmiuça; observa como curioso e como erudito. Descreve as plantas em seu habitat; dá-lhes o nome scientifico; vulgariza-lhes os prestimos; justifica a necessidade de conservação das espécies; preconiza as reservas com determinadas essencias; localiza os sitios a preservar do machado e do fogo; passa com a mesma segurança, e a mesma minudencia da flora a fauna; sobre o insecto, o alado, o saurio, discreteia com evidente conhecimento e a proposito pittoresco, fazendo-se entender do sabedor ao profano, ao mesmo tempo naturista e vulgarizador, com optimismo lapis reconstituindo panoramas e imagens rusticas, com quente verbo animando o ambiente da narrativa.

Trabalhos como esses deleitam e instruem. Habitos de serviço, costumes domesticos, modos de vida, practicas de caçadas, pescarias, viagens, industrias rudimentares, transportes sertanejos, supertições, indumentarias, folklore, fala regional, tudo que realmente traduz o ruralismo silvestre, praiano, lacustre, de várzeas, valles, serras, capões, restingas, praias, brejos da hiterlandia carioca tudo a penna e o lapis de Magalhães Corrêa fixam com agilidade, colorido, graça, emoção.

Daqui o estimulo a fazer disso um livro, que será admiravel, e não commum. Temos todos que aprender immenso: por nós, porque nesta etapa da civilização brasileira tão mal conhecemos a nossa terra; pelos nossos netos que talvez já encontrem o arranha-céo em Itapeba, onde muitos de nós ignoram que ainda hoje pasta a capivara...".

Toda esta torrente de elogios a Armando Magalhães Corrêa é justa, pelo pioneirismo e pelo detalhismo, mas o que encantou Ricardo Palma foi realmente tomar conhecimento de que atrás da Pedra da Gávea, do maciço da Tijuca, existia um outro mundo até então inóspito e inculto, onde o homem convivia com a natureza da maneira mais íntima, dela tirando seu sustento, como os tamanqueiros, os carvoeiros, as esteireiras, os oleiros, os bananeiros, os cesteiros etc.

Um mundo que, contemporâneo, ignorava os modismos da *belle époque*. Da eletricidade não sentia falta porque não a conhecia, pois usava o lampião a querosene. O Mundo do Jeca Tatu tão bem descrito por Monteiro Lobato. Isto há sessenta anos.

Visão da Barra da Tijuca no século XVI.
(Concepção do pintor Eduardo Camões) – 1993.

Eu mesmo, em 1948, terminado o curso do CPOR, fui à Barra da Tijuca com outros colegas de turma, um dos quais tinha automóvel; mal conseguimos chegar às areias da praia que, batidas pelo vento forte da tarde, faziam e desfaziam pequenas dunas. Gente, ninguém. Era um dia de semana. E lá se vão somente 47 anos.

Mas muito menos tempo faz, quando fui morar no Condomínio Novo Leblon, em 1978, cuja venda dos apartamentos patinava em aproximadamente 50% das unidades postas à disposição, boa parte dos que adquiriram as restantes usava-as nos fins de semana, apesar do apelo publicitário sugestivo: "venha morar onde você gostaria de passar as férias".

Para comercializar os imóveis, era preciso oferecer vantagens para que a impressão das largas distâncias diminuísse. Então se oferecia o ônibus circular do condomínio, que ia e voltava ao Carrefour, única opção de comércio à mão. Aliás, passear no Carrefour era um programa... Além da praia, a atração maior.

Tudo isto foi ontem e, por esta razão, entendi que podia dar minha contribuição aos "barristas", passando-lhes informações que vão do século XVI até os dias atuais.

Situação geográfica

PODE PARECER DESNECESSÁRIO localizar a região da Barra da Tijuca no espaço ocupado pela Cidade do Rio de Janeiro, mas, na realidade, poucos sabem corretamente quais os seus limites oficiais, que extrapolam bastante aquela parte conhecida por todos, pois se confundem as áreas ocupadas pela Região Administrativa da Barra da Tijuca e a Barra da Tijuca, bairro.

Para chegar à situação presente, será oportuno voltar a 1644, ano da criação da Freguesia de Irajá, da qual desmembrou-se a de Jacarepaguá (1661), da mesma forma que desmembraram-se as Freguesias de Campo Grande (1673) e de Inhaúma (1743).

Portanto, as terras da Baixada de Jacarepaguá, onde está a Barra da Tijuca, foram, outrora, parte da grande Freguesia de Irajá, a segunda das freguesias criadas a partir do século XVII, pelos colonizadores portugueses.

Em extensão territorial, a Freguesia de Jacarepaguá só era menor que a de Campo Grande, depois das sucessivas divisões da Freguesia de Irajá.

É nessa grande área que se insere a Baixada de Jacarepaguá, com suas lagoas, rios, alagadiços, dunas e um litoral de areias brancas, que se prolonga por quase três dezenas de quilômetros, 18 dos quais do Canal da Barra ao Pontal de Sernambetiba.

Geograficamente, as terras da Baixada de Jacarepaguá, formadas pela grande planície que se estende dos contrafortes da Serra do Mar até o oceano, não diferem das demais baixadas litorâneas das costas do Brasil.

Seu solo é constituído por sedimentos turfosos, argila trazida pelos rios durante séculos e, também, por areia deixada ali pelo movimento incessante das marés e pelos ventos.

Esses depósitos constantes de areia, ao longo do tempo, acabaram por formar compridas e estreitas faixas de terra firme junto às praias, bloqueando a saída das águas doces dos rios para o mar, com a conseqüente formação de lagoas e restingas, como ocorre na Barra da Tijuca.

Por sua origem e o difícil escoamento para o mar, as lagoas assim formadas têm a tendência a se transformar, pelo assoreamento contínuo,

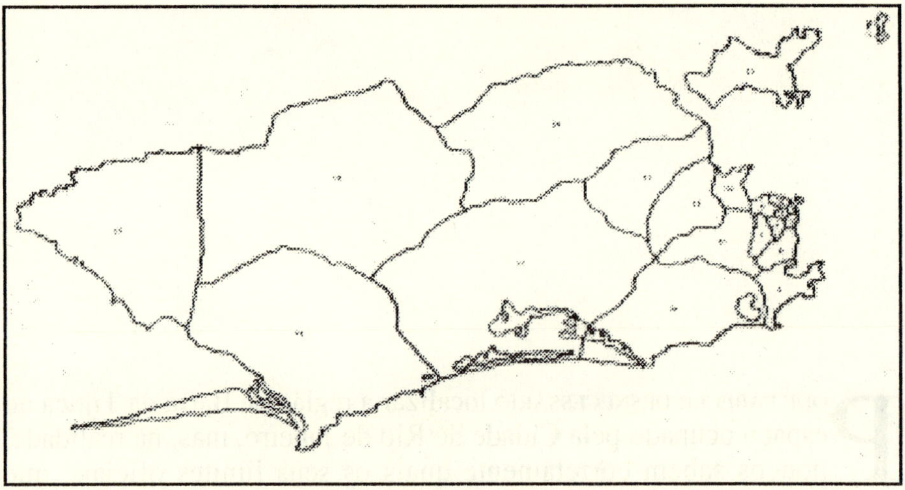

Freguesias dos séculos XVII e XVIII:
Irajá, 20; Jacarepaguá, 17 e Inhaúma, 13.

Formação das restingas de Itapeba e Jacarepaguá.

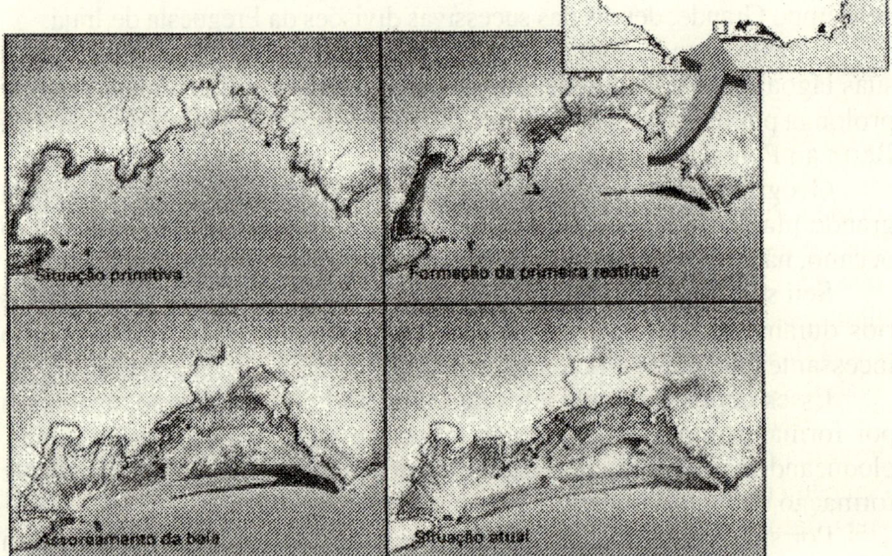

O assoreamento da Lagoinha – 1996.

em áreas pantanosas e encharcadas, com a diminuição das suas respectivas superfícies, e podem, até, desaparecer, transformando-se em terras firmes, como vem acontecendo com a Lagoinha, cuja situação é agravada pelo despejo de esgotos e águas residuárias das circunvizinhanças.

Fisicamente, portanto, a região tem três características marcantes: o grande litoral oceânico, as vastas planícies, com seus alagadiços, e as lagoas, pouco acima do nível do mar. Tudo cercado pelas cadeias montanhosas que constituem os maciços da Pedra Branca, na parte ocidental, e da Tijuca, na parte oriental.

Boa parte das terras planas secas de hoje foram conquistadas pela drenagem do solo, fazendo com que as águas paradas se orientassem para as duas grandes lagoas: a de Jacarepaguá que, à medida que se aproxima do mar, tem as denominações de Camorim e Tijuca, e a de Marapendi, ligada à última delas por um longo canal extravasor, de um lado, e, do outro, com o canal das Taxas, que a comunica com a Lagoinha, que, por sua vez, tem ligação com o canal de Sernambetiba, hoje parcialmente bloqueado.

Essas obras de drenagem devem ser creditadas não só aos órgãos governamentais, sobretudo o antigo Departamento Nacional de Obras e Saneamento – DNOS, para melhorar as condições de salubridade da região, mas, também, aos proprietários de terras do local, para valorizá-las e melhor aproveitá-las economicamente.

A lagoa mais distante do litoral, chamada de Jacarepaguá, é o destino final de rios, riachos, arroios e águas pluviais que vêm das fraldas do maciço da Pedra Branca, e, hoje, esgotos não tratados; enquanto a parte chamada Tijuca recebe contribuições semelhantes das regiões similares do maciço da Tijuca. Já a lagoa de Marapendi, localizada nos seus quase dez quilômetros, bem próxima do mar, é constituída, sobretudo, de infiltrações freáticas, além da água que recebe da Lagoinha, escoadouro dos rios Morto, Paineiras, Cascalho e Portelo, que deságuam no canal de Sernambetiba.

Em virtude dessas regiões alagadas, pequenas elevações eram chamadas outrora de ilhas, sendo as mais conhecidas as do Marinho, do Urubu e a do Portelo. Como curiosidade, para que se possa avaliar a importância desses locais para os seus então raros habitantes, as áreas alagadiças próximas delas comportavam pequenos ancoradouros, como, por exemplo, o mais conhecido porto de Calembá, junto ao morro do mesmo nome, por onde escoava a madeira extraída e o carvão vegetal ali produzido. Hoje esta área está desfigurada, não há ilhas e, muito menos, o porto.

Há cerca de 40 anos atrás, a existência dos alagadiços demarcavam bem as terras compreendidas entre as lagoas e o mar, formando as restingas de Jacarepaguá e da Itapeba.

A região de Itapeba, na parte compreendida entre o final da lagoa de Marapendi e a Lagoinha, tem o solo rico em turfa, material constituído pela decomposição de vegetais em vários estágios, rico em matéria carbonácea, característica das regiões alagadas e pouco oxigenadas, que, seco sob certas condições, pode ser empregado como combustível, embora de baixíssimo poder calorífico.

Estas turfeiras, de pouco valor energético, não têm valor comercial e, vez por outra, dificultam a implantação de vias públicas e fundações de prédios, pela sua natureza pouco consistente.

As condições geográficas adversas da região e as dificuldades causadas pela falta de infra-estrutura fizeram com que, até o final dos anos 50, a Barra da Tijuca, mais que o restante da Baixada de Jacarepaguá, hibernasse quase desconhecida e só, a partir da década seguinte, sobretudo nos anos 70, com a construção de vias adequadas de penetração, da implantação dos primeiros grandes empreendimentos imobiliários e do desenvolvimento das atividades comerciais, das quais o carro-chefe foi o Carrefour, começou a ficar evidenciada a necessidade de descentralizar a administração da Barra da Tijuca, pois o contínuo desenvolvimento da Baixada, com sua ocupação voltada para construção de moradias, para o comércio e para o lazer, impunha a decisão da criação de uma Região Administrativa exclusiva para a área, RA XXIV, de limites definidos e atribuições específicas.

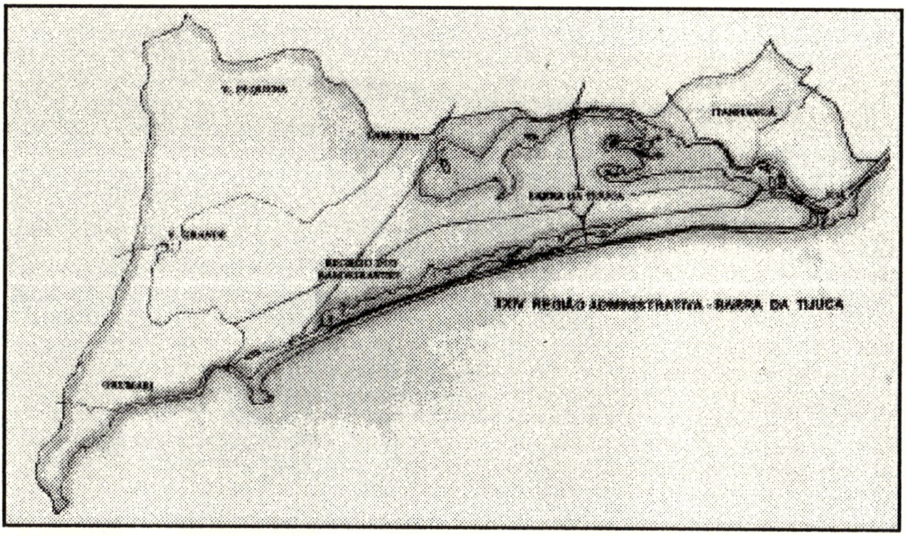

Bairros da XXIV Região Administrativa.

Embora a Barra da Tijuca tenha recebido o reconhecimento oficial, na prática seus limites ainda não são muito nítidos para seus moradores e freqüentadores, deixando dúvidas generalizadas quanto a se este ou aquele lugar está na Barra ou em Jacarepaguá.

Por exemplo, o aeroporto, situado em terras da Região Administrativa da Barra da Tijuca, prossegue sendo chamado Aeroporto de Jacarepaguá; o Autódromo Nélson Piquet está na mesma situação, assim como as escrituras lavradas na região, que continuam a mencionar as propriedades como estando na Freguesia de Jacarepaguá.

A Barra da Tijuca oficial comporta: os sub-bairros do Itanhangá, com seus condomínios de alto luxo, o Itanhangá Golfe Club e algumas favelas; do Recreio dos Bandeirantes, com sua extensa área quase toda construída, tomada por casas e prédios de três andares, com seus característicos varandões, e boa parte das ruas ainda sem alçamento; das Vargens Pequena e Grande, esta um verdadeiro paraíso para os bons *gourmets*, com um selecionado elenco de bons restaurantes, ambas guardando vestígios de épocas passadas, com grandes sítios, bicicletas, cavalos e carroças nas estradas; do Joá, *sur mer*; do Grumari, com suas praias ainda respeitando a natureza, e de parte do Camorim, além do próprio bairro da Barra da Tijuca.

Detalhando a questão dos limites: no sentido longitudinal, o túnel do Pepino, no Morro da Gávea, de um lado, e, de outro, a Ponta da Praia Funda, no sopé do Morro de Guaratiba. Subindo para o interior, a partir

Vestígios da antiga Vargem Grande – 1929/1995.

deste último ponto, os limites acompanham o divisor de águas da Serra de Guaratiba até o Morro dos Caboclos, daí, também pelo cume da serra do Rio da Prata, chega à Pedra Branca, onde está o ponto culminante do sistema orográfico do Estado, com 1.022 metros de altura.

Deste ponto, o mais distante do mar, a demarcação volta na direção do litoral, passando pelo Morro de Santa Bárbara, Serra do Quilombo e Serra do Nogueira, na região de Camorim. Até aí, os limites estão no alto dos morros e montanhas, que bloqueiam e dificultam a comunicação da Barra da Tijuca com a Zona Oeste, permitindo somente duas passagens, uma pela estrada da Grota Funda e outra pela Estrada da Barra de Guaratiba.

Chegando à planície, os limites quase sempre são os rios, arroios ou lagoas. Assim, a partir do Camorim, são o próprio rio Camorim, a avenida Salvador Allende, num certo trecho, depois a avenida Embaixador Abelardo Bueno, até o arroio Pavuna, seguindo pelas lagoas do Camorim, onde toma o rumo do maciço da Tijuca, começa a galgar o maciço da Tijuca, passando pelo rio das Pedras e, posteriormente, pelos morros da Marimbeira, da Taquara e das Pedras Bonita e da Gávea.

No litoral são várias as praias, começando com a praia da Joatinga, entre o Pontal do Marisco e a Joatinga; após o Canal da Barra, até a avenida

Praia da Joatinga – 1997.

Engenho abandonado no Camorim – 1997.

Lagoa de Marapendi, vista da restinga de Jacarepaguá.
(Foto de Sylvio Fróes Abreu) – 1953.

Ayrton Senna, a praia da Barra da Tijuca; daí em diante, até o Pontal de Sernambetiba, a praia dos Bandeirantes, e depois, sucessivamente, as praias

Praia do Grumari.
(Foto da coleção do Correio da Manhã */ Arquivo Nacional) – 1958.*

do Pontal de Sernambetiba, a Prainha, do Grumari, do Meio e mais as praias Perigosa e Funda.

Os rios que percorrem a região da Barra da Tijuca não são muito expressivos, mas são importantes por alimentar todo o sistema lacustre característico da região.

Aspecto da antiga Rio-Santos, atual Avenida das Américas, vendo-se claramente limpos os rios Bonito e Cascalho e o canal de Sernambetiba – 1970.

Devem ser destacados os rios Bonito, Portela, Marinho, Paineiras, os arroios Pavuna e Fundo, além dos rios Anil e o Cachoeira, o mesmo que, na Floresta da Tijuca, forma a Cascatinha de Tijuca.

Nas lagoas, há pequenas ilhas. A maior é da Pombeba, na lagoa de Jacarepaguá, que sedia uma repartição do DER/RJ. As demais são as do Ribeiro, nos limites das lagoas de Camorim e da Tijuca; da Coroa; da Coroa Grande; da Jigóia – outrora, nos anos 60, conhecida, por ilha dos Coronéis; do Ipê; Marina – primitivamente, Guaiamum e Número Um; das Garças – antes conhecida por ilha do Comandante; do Almir, adquirida recentemente pelo Marina Barra Clube para aumentar suas instalações; a Primeira; a da Fantasia, denominada também de Zumba Safári; a dos

Pescadores; a Pequena, além de outras de menor importância, todas na lagoa da Tijuca, muitas ocupadas por posseiros, embora sejam consideradas áreas de marinha.

Os rios que, pela conformação plana do terreno, tornavam a Barra da Tijuca alagadiça, tiveram de ser retificados e orientados, com a abertura de uma série de canais-drenos, como o de Marapendi, o do Cortado, o do Urubu, o das Taxas e o de Sernambetiba, todos hoje precisando de dragagem.

Nessa região plana, as elevações existentes, ainda que de pequeno porte, destacam-se e, por isso, foram tombadas para preservação: a Pedra de Itaúna, a Pedra de Itapuã, o Pontal de Sernambetiba e os morros do Amorim, Cantagalo, Urubu, Portelo e do Rangel, além do morro da Panela, ainda na Baixada de Jacarepaguá, mas fora dos limites da Barra da Tijuca.

Intróito

Por ser um bairro de implantação recente, a Barra da Tijuca é um local sem tradições. Quase todos os seus moradores são forasteiros, com menos de vinte anos de vivência no local.

São eles oriundos, sobretudo, da classe média emergente da Zona Norte (Tijuca, Grajaú, Vila Isabel, Lins de Vasconcelos, Méier etc.), das regiões vizinhas ao município do Rio e da Zona Sul, todos à procura de uma qualidade de vida melhor, que não conseguiam nos sítios de onde vieram.

Esta mistura ainda não foi homogeneizada, não formou uma cultura própria, embora para tanto caminhe.

Por isto, obter informações de testemunhas, mesmo dos anos mais recentes, e, de modo mais acentuado, dos últimos cinqüenta anos, é quase impossível, pois a maior parte da sua população só conhece o seu condomínio e dele não sabe nem os nomes das ruas que o constituem. Conhecem, somente, as principais vias longitudinais e transversais do bairro, como as avenidas Sernambetiba (agora Lúcio Costa) e antiga Litorânea; Américas, chamada anteriormente de estrada Rio-Santos, a Ayrton Senna, primitivamente Via 11 e depois avenida Alvorada. Além de poucas outras, de passagem obrigatória, como as avenidas Olegário Maciel (ex-Itatupã), Armando Lombardi (ex-P e G), Ministro Ivan Lins (ex-C), e nada mais.

Os pontos de referência no bairro da Barra da Tijuca são os grandes empreendimentos imobiliários e comerciais, os supermercados e *shopping centers* ou os balizamentos naturais – a sudoeste, o Recreio dos Bandeirantes e, a nordeste, o Morro do Joá.

Sendo estas as características de seus habitantes, qualquer estudo sobre a Barra tem de se fundamentar em escassos documentos, jornais, revistas e livros.

Hoje é pacífico que, da Baixada de Jacarepaguá, a Barra da Tijuca – que era praticamente desconhecida dos cariocas até os anos 50 – corresponde à grande planície espremida entre os maciços da Tijuca e da

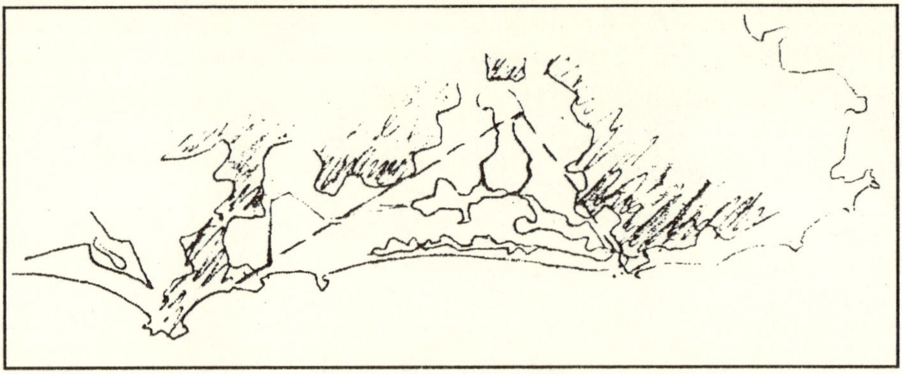

A região da Barra da Tijuca, formando um triângulo.
(Desenho de Lúcio Costa).

Pedra Branca, no sentido longitudinal, e pelas lagoas interligadas de Jacarepaguá, Camorim e Tijuca, além do oceano Atlântico, transversalmente, formando um grande triângulo.

A praia era chamada de praia dos Bandeirantes; barra era simplesmente a saída do canal, daí, Barra da Tijuca.

Mas só era desconhecida dos cariocas, pois os franceses – que aqui já tinham desembarcado no século XVII, para a tentativa malograda de

Lagoa da Tijuca, na altura do morro do Focinho do Cavalo.
(Pintura do artista austríaco Thomas Ender) – 1817.

conquistar a Cidade – nela estavam interessados, só que nos anos vinte, com o objetivo pacífico de usar a grande planície vizinha do mar, para fazer o campo de pouso para os *aéroplanes* de suas pioneiras linhas aéreas para a América do Sul.

Paul Vachet, piloto dos precursores aviões franceses comerciais, em seu livro *Avant les Jets*, cita pormenores das razões que o conduziram, junto com oficiais da Missão Militar Francesa no Brasil, ao local onde agora está o Aeroporto de Jacarepaguá, que, em 1928, já tinha condições de receber os "aeroplanos" que vinham da Europa, via Dakar.

Aspecto da Barra da Tijuca no final dos anos 40.
(Foto da coleção do Correio da Manhã */ Arquivo Nacional) – 1951.*

Esses franceses faziam parte da Compagnie Enterprises Aéronautiques, conhecida como Lignes Latécoère (Pierre Georges Latécoère, um dos pioneiros da aviação nos anos 20), que, bem mais tarde, por uma sucessão de fusões com outras companhias francesas, acabou resultando na Air France.

O aeroporto, o primeiro aeroporto civil do Rio, era, sobretudo, um meio de evitar o aeroporto militar do Campo dos Afonsos, que freqüentemente estava impedido por nebulosidade; por isso tiveram de encontrar alternativa, optando pela Baixada de Jacarepaguá, embora

Local alagado escolhido para o campo de pouso dos aviões franceses.
(Antiga área de criação de gado) – 1921.

tivessem de contornar as dificuldades causadas pelas áreas alagadas da região e pela distância para alcançar os melhores caminhos então existentes para chegar ao centro da Cidade.

Planejaram, até, a construção de uma pequena ferrovia com cerca de dois quilômetros de extensão, cuja extremidade mais próxima do aeroporto seria ligada a ele por embarcações de fundo chato e de pequeno porte, capazes de vencer os alagadiços da região. Mas nada disto chegou a ser concretizado, exceto o aeroporto.

Como prova da utilização freqüente do aeroporto, Magalhães Corrêa, em 1934, no seu livro *Sertão Carioca*, dá curso às reclamações dos pescadores locais, já que a "Aviação Latécoère" contaminava as águas da lagoa de Camorim com gasolina e óleo dos seus aviões, afugentando os peixes.

Este aeroporto, depois de desapropriado pelo governo federal, continuou a ser utilizado como alternativa para treinamento nos vôos dos cadetes da Escola de Aeronáutica, situada no Campo dos Afonsos.

O acesso à praia, na extremidade do morro do Joá, só era possível por barco, pois a primeira das duas pontes existentes sobre a lagoa da Tijuca só foi construída, em 1939, por particulares – as imobiliárias Jardim

1ª ponte sobre a lagoa da Tijuca.
(Foto do arquivo da Revista do Touring Clube do Brasil*) – 1939.*

Estrada da Barra da Tijuca.
(Foto do arquivo da Revista do Touring Clube do Brasil*) – 1934.*

Chegada ao Recreio dos Bandeirantes
(Foto do arquivo da Revista do Touring Clube do Brasil*) – 1934*

Oceânico e Tijucamar – com loteamentos no loca, nas Glebas A e B da Fazenda da Restinga, em face do interesse que tinham em facilitar a ida dos eventuais compradores aos seus empreendimentos.

Para chegar a essa ponte, só havia três opções. Vindo da Zona Sul, o caminho era pela avenida Niemeyer e estrada do Joá; da Tijuca e

Pontal de Sernambetiba, uma área ainda desabitada.
(Foto do arquivo da Revista do Touring Clube do Brasil*) – 1934.*

adjacências, as estradas das Furnas e da Barra da Tijuca, e de Cascadura, a estrada de Jacarepaguá.

Na outra extremidade – o Recreio dos Bandeirantes – o acesso era possível somente pela estrada dos Bandeirantes, antiga estrada de Guaratiba, que atingia o Pontal de Sernambetiba.

Voltando à ponte sobre a lagoa da Tijuca. Quem a atravessasse não se depararia com a igreja de São Francisco de Paula, inaugurada em 1966, praticamente ocupando toda a praça Euvaldo Lodi. Encontraria, isto sim, uma rua maltratada, com pouquíssimas casas, a Itatupã, agora avenida Olegário Maciel, que, em linha reta, conduzia à praia deserta.

Na estrada da Barra da Tijuca, bem defronte à ponte, no início da encosta do morro do Focinho do Cavalo, situava-se o primeiro hotel construído na região, o Hotel e Bar Chafariz, prédio assobradado, sem grandes atrativos arquitetônicos, de onde era possível, ao longe, ver o mar. O hotel há muito tempo deixou de existir, embora o prédio decadente, hoje transformado em habitação coletiva, continue de pé, parcialmente escondido pela vegetação da beira da estrada, mas mantendo no frontispício, bem legível, a palavra hotel.

A distância, e as dificuldades de suplantá-la, faziam da Barra da Tijuca um local quase inatingível. A Barra, considerada aqui, é preciso lembrar, como a parte compreendida entre o quebra-mar e a praça São Perpétuo, antiga praça do Ó.

Vencidas a distância e as dificuldades, em frente à praia neste trecho, destacavam-se atrações como o Dina Bar, cujo prédio semidestruído mantinha-se no local até o início de 1998, e a boate Corsário, caracterizada por um alto mastro onde tremulava uma bandeira característica dos barcos piratas, local convidativo para casais de namorados em busca de tranqüilidade e privacidade. Ao ser fechada, seu nome e sua bandeira pirata desapareceram, sob a luz do néon de outra boate, o Flamingo, que ali permaneceu até pouco tempo, para dar lugar a um edifício residencial, no estilo dos seus vizinhos.

Este pequeno trecho da Barra sediou também os precursores dos atuais motéis, conhecidos à época como hotéis-suspeitos, dos quais o último remanescente foi o Seventy Seven, demolido há pouco, na avenida Olegário Maciel. O Praia Linda, então pouco mais que um barracão de madeira, é agora um prédio de três andares, transformado num comportado e verdadeiro hotel. O último, Luar das Rosas, simplesmente acabou. O Dunas permanece resistindo na avenida das Américas e o Gaivotas, o mais recente, na praça José Bernardino.

No outro lado da lagoa da Tijuca, nas imediações da praça Desembargador Araújo Jorge (ex-Otávio Guinle), na chamada Barrinha, era, e ainda é, grande o número de motéis.

Atual praça Euvaldo Lodi, com a igreja de São Francisco de Paula. (Autor desconhecido) – 1960.

Praia da Barra da Tijuca na altura da atual Avenida Olegário Maciel. (Foto da coleção do Correio da Manhã */ Arquivo Nacional) – 1959.*

Hotel Chafariz.
(Foto do arquivo da Revista do Touring Clube do Brasil*) – 1934.*

Dina Bar na Avenida Sernambetiba – 1996.

As agruras eram muitas da rala população da Barra da Tijuca e dos seus eventuais freqüentadores para atingi-la. Parece, por isso, interessante relembrar as alternativas possíveis.

Quem viesse da Zona Sul tinha duas opções, ambas longas: a primeira, era a avenida Niemeyer até São Conrado, de onde passaria à sinuosa estrada do Joá, e a segunda, era pela rua Marquês de São Vicente e depois pela íngreme estrada da Gávea, aquele que é hoje caminho quase exclusivo para parte da alta favela da Rocinha, embrionária nos anos 40.

A partir da Zona Norte, outras duas opções: a estrada do Alto da Boavista e das Furnas, com suas perigosas curvas e a estrada Grajaú-Jacarepaguá até o final da estrada dos Três Rios, seguindo depois pela estrada de Jacarepaguá, sempre margeando a lagoa da Tijuca, até a única ponte então existente, que possibilitava o acesso à praia.

Dos subúrbios, partindo de Cascadura, o caminho era as ruas Cândido Benício e Geremário Dantas, até encontrar a estrada de Jacarepaguá.

Nada parecido com as facilidades dos túneis, viadutos e vias expressas atuais.

Chegar à praia nos anos 40 e 50 era, portanto, tarefa difícil, só compensada pela beleza do local, pela praia que parecia não ter fim e pelo isolamento. Ir à Barra era uma viagem, pois, para alcançá-la, excetuando-se o automóvel, ainda bastante restrito à maioria da população, dependia-se das poucas linhas de ônibus de curtos percursos existentes, pois não havia linhas diretas da parte urbana da cidade, como agora. Só circulavam os ônibus das linhas, S-33 (Tanque-Barra da Tijuca), que cumpria seu itinerário pela estrada de Jacarepaguá, margeando a lagoa da Tijuca, até o largo da Barra e S-31 (Tanque-Recreio), que ligava Jacarepaguá ao Pontal de Sernambetiba. Entre os dois pontos finais mencionados, não havia comunicação que ligasse os quase vinte quilômetros de areia e dunas, cobertas por vegetação rasteira, predominantemente de palmeiras guriri, bromélias e cactáceas.

Anteriormente, nos anos 20, com a Barra da Tijuca ainda considerada como zona rural, foram dadas pela Prefeitura algumas concessões para exploração de linhas de "auto omnibus", como eram chamados então.

Existiam, como conta Noronha Santos, em *Meios de Transportes no Rio de Janeiro*: em 1927, a Empresa Nacional Auto-Viação, que fazia circular seus carros para a Taquara e a Vargem Grande; em 1929, a Monroe Rio-Bandeirantes, de propriedade do dono da Gleba Finch, Wesley Finch, ligando Jacarepaguá ao Recreio; a Empresa Bandeirantes, fazendo o mesmo percurso e, por último, em 1930, a Viação Baptista, que ligava Cascadura à Barra da Tijuca, todas com poucos carros.

No final dos anos 50 e início da década de 60, na avenida Olegário Maciel, permanecia ancorada a proa de um navio, feita de concreto, de muito mau gosto, ocupando o local onde está hoje a agência dos Correios, enquanto, na areia da praia, junto à avenida Sernambetiba, existia um bonde, do tipo "bataclã", sem rodas, de vida curta, destruído pela ferrugem e pelo vandalismo dos banhistas. Tanto o bonde como o navio de concreto eram bares-restaurantes.

Na atual avenida Armando Lombardi, localizavam-se a boate Macumba – cujo prédio, depois transformado em restaurante, permanece no mesmo lugar, desocupado, e uma outra boate que funcionava dentro de um velho avião C-82, devidamente adaptado, de cujo nome não se tem registro, embora fosse conhecida por Boate do Avião.

Lá na ponta, junto ao quebra-mar, pontificavam os bares do Compadre e do Polvo, especializados em frutos do mar, que só faturavam de verdade nos finais de semana, com o maior afluxo de banhistas e pescadores.

A propósito das vocações da velha Barra, duas músicas de sucesso nos carnavais dos anos 50 são bem elucidativas: uma de Braguinha, interpretada por Emilinha Borba em 1957, a marchinha "Vai com jeito":

Vai, com jeito vai,
Se não um dia a casa cai (menina, vai.).
Vai, com jeito vai,
Se não um dia a casa cai.

Se alguém te convidar
Pra tomar banho em Paquetá,
Pra piquenique na Barra da Tijuca,
Ou pra fazer um programa no Joá,
Menina vai.

Outra, em 1952, cantada por Marlene, intitulada "Quebra-mar", de autoria da dupla Zé da Zilda e Adelino Moreira, que dizia:

Na Barra da Tijuca
Eu fui tarrafear, veio uma onda maluca
E me atirou no quebra-mar
He, quebra-mar
He, he, he quebra-mar

Um velho tubarão
Queria me agarrar
Veio uma onda maluca
Me atirou no quebra-mar.
He, quebra-mar. He, he, he, quebra-mar.

A avenida Sernambetiba, a Lúcio Costa dos nossos dias, era um projeto, um sonho, que só aos poucos foi sendo concretizado. Primeiro, com piso de terra; mais tarde asfaltada em mão dupla, no trecho inicial, até onde hoje desemboca a avenida Ayrton Senna, que ainda dormitava nos projetos oficiais como Via 11, que, posteriormente, ao ser implantada, recebeu o nome de avenida Alvorada; somente a partir de 1994, mudou de nome, para homenagear o piloto brasileiro, tragicamente morto na Itália.

Com o tempo foi aberto também, ainda de terra, o caminho para o Recreio dos Bandeirantes, que só no final dos anos 50 seria asfaltado, sob a denominação de avenida Litorânea.

Algumas das vias públicas mais antigas, assim como boa parte dos acidentes geográficos da Barra, têm seus nomes originários no idioma indígena, desde o próprio substantivo Tijuca, que pode ser corruptela de *tey que*, vereda, caminho de entrada que os Tamoios usavam para atravessar a montanha em busca do litoral ou *ty yuc*, água podre, brejo. Daí, talvez, o nome da lagoa que deságua no mar, junto ao morro da Joatinga (*yuá*, limoso, *tinga*, esbranquiçado). Da mesma forma, Sernambetiba, a princípio Sernambitiba, *curunamby tiba*: sítio de sernambis, ostreira; ou Camorim, a lagoa, cujo significado parece derivado de *mury*, mosca pequena ou mosquito, encontradiços em regiões de águas paradas, significando, portanto, "lagoa onde abundam mosquitos", e realmente faz sentido, pois, até hoje, eles são encontrados em grande quantidade. Também Marapendi que, segundo o professor Othon Machado Xavier de Brito, que dizer *mbara*, lagoa, *pendy*, carcomido, daí, lagoa de margens carcomidas (cheia de manguezais, que lhe dão aspecto irregular). Por último, Jacarepaguá, *Yacaré upa guá*, vale dos jacarés.

A propósito, parece oportuno esclarecer que a palavra Joá é corruptela de *Chuá*, nada tendo a ver, portanto, com Joatinga. Deriva-se do nome de um antigo morador do local, francês, Laurence Anchois, como documenta a escritura lavrada no livro 173 do Tabelionato Távora.

Hoje, a maioria das ruas da Barra da Tijuca tem nomes quase contemporâneos, mas permanecem alguns sem modificações, mantendo-se os tradicionais, com exceções, como o caso da avenida Sernambetiba, que passou a ser, em certo trecho, avenida do Pepê, nome sem maior expressão e, mais recentemente, o restante foi trocado para avenida Lúcio Costa.

Até agora, falou-se muito da Barra, propriamente dita, e nada do ponto inicial de sua ocupação: a Barrinha, como é chamado carinhosamente aquele trecho espremido entre os morros do Focinho do Cavalo e do Joá, no maciço da Tijuca, a lagoa de Tijuca e o mar, local com características próprias na sua parte residencial, só de casas, muitas escolas, um grande número de estabelecimentos comerciais junto à lagoa e, certamente, detentor do recorde nacional de motéis: tem o maior número de motéis por metro quadrado.

Entrando-se nas ruas residenciais, que mais parecem constituir parte de um labirinto, é possível, procurando bem, encontrar moradores remanescentes da época inicial de sua ocupação, como D. Maria José Felix, no local há mais de 60 anos, e o Sr. Cesar Ferreira de Souza, português, com muitas histórias e propriedades na área.

Estes, e outros antigos habitantes contam como era aquele pedaço da Barra da Tijuca há mais de meio século atrás e são depositários de informações sobre as vicissitudes do passado, suas carências e, sobretudo, o isolamento em que viviam pela inexistência, sobretudo, de transporte regular para o restante da cidade.

As terras onde estão a Barrinha e o Joá constituíam basicamente duas fazendas, a da Barra e a do Chuá (como está registrado nas plantas originais do loteamento) e pertenciam à Companhia Expansão Territorial.

Da grande área original, permaneceram duas propriedades significativas: uma pertencente primitivamente ao antigo político paranaense e ex-governador daquele estado, Moysés Lupion, e a outra ao ex-presidente da Sul América Seguros e Capitalização, Sr. Antonio Sanches Larragoiti, ambos já falecidos.

A primeira das propriedades citadas foi dividida em partes, e uma delas está sendo, no momento, redividida e posta à venda em oito lotes; a segunda, quase inacessível, em face da precariedade da estradinha pela qual se pode alcançá-la, ainda está intacta.

Os depoimentos verbais dessas testemunhas oculares do desenvolvimento daquele pedaço da Barra produzem as informações interessantes, como a de que, no meio do mato, nas encostas das montanhas da Tijuca, ainda existem vestígios de antigas senzalas, versão perfeitamente admissível, em vista de que, naquelas imediações, existiram grandes cafezais. As dificuldades impostas pelo terreno e a floresta tornam inviável, contudo, a comprovação disso.

Porém, outros pontos relatados podem ser comprovados, como, por exemplo, a "Bica do Padre", um pequeno olho dágua que alimentou em outras épocas uma cacimba, ainda existente no local, embora desativada, na esquina da rua Professor Júlio Lohman e estrada do Sorimã. A explicação para o nome é pitoresca: segundo a tradição oral, aparecia por ali, vez por outra, à noite, um padre com sua batina negra, para matar a sede...

Outro local importante pelo seu alto valor histórico, digno de registro, desconhecido praticamente dos cariocas, é a existência de um antigo marco de granito, denominado, no século XVII, pelo Almoxarife da Fazenda Real, Gregório de Barros, de "lage natural", quando da medição que fez por determinação do Governador da Cidade, Salvador Correia de Sá e Benevides, para demarcar suas próprias sesmarias.

Nascente na Barrinha, conhecida por "Bica do Padre" – 1997.

O marco, no qual estão gravadas, por ordem do Senado da Câmara da Cidade, desde 20 de dezembro de 1753, as letras C M A, encimadas pela Cruz do Hábito de Cristo, está localizado na descida da estrada do Joá, no quintal de uma residência particular, protegido por uma cobertura cimentada e rodeado por um velho gradil, ambos mandados fazer pela Prefeitura, na administração do prefeito Antônio Prado Junior, em 1927.

Sobre este marco, consta no *Livro de Tombo das terras da Cidade de São Sebastião do Rio de Janeiro*, o seguinte:

> "E sendo no dia 20 do dito mês e ano acima declarados (dezembro de 1753), fincado o padrão no lugar assinalado no dia antecedente, e posta sobre ele a agulha, seguido o dito rumo de oessudoeste, descendo para a Barra da Tijuca (reconhecida já aí em documentos oficiais), se chegou abaixo no caminho, que está entre a Gávea e o monte da barra da Tijuca com 1500 braças, onde findou esta última meia légua, e se completaram as duas de fundo, que se mandou medir na forma da sesmaria, e no lugar em que findou, que foi na frente da Gávea da parte oessudoeste, se fez marco em que se abriram as letras que dizem: Câmera para a parte oessudoeste, e assim ficou deste lado medido o sertão de duas léguas".

Parece oportuno esclarecer que as letras acima referidas, "C M A", na realidade deveriam ser gravadas "C M a", correspondentes à abreviatura que servia para identificar a Câmara da Cidade.

O de que ninguém desconfia é que esse marco, que data de 26 de outubro de 1638, conforme despacho do Provedor da Fazenda Real do Rio de Janeiro, Capitão Domingos Correia, significava o ponto mais ao norte dos domínios de Salvador Correia de Sá e Benevides, que, em linha reta, se estendia até Sapopemba (atual estação de Deodoro), numa distância aproximada de 23 quilômetros, onde primitivamente havia outra "lage natural" demarcatória semelhante.

O local da lage na atual estrada do Joá foi descrito pelo Capitão, como sítio de uma antiga tapera indígena, a de Guaraguassumirim, em um "outeiro que jaz e faz ponta para o mar" (Joá).

No ano de 1965, quando se comemorou o IV Centenário da fundação do Rio de Janeiro, em 3 de outubro, o Governador do Estado da Guanabara, mandou inscrever no Livro de Tombo Histórico, o marco da sesmaria da Tijuca.

Portanto, esse marco e a igrejinha de São Gonçalo de Amarante são os testemunhos mais notáveis da presença dos Sá na região da Baixada de Jacarepaguá, que veio a constituir a Barra da Tijuca.

Reparada a injustiça do esquecimento da Barrinha ou Barra Antiga, como também é chamada, vamos à outra extremidade da Baixada, do

Marco demarcatório de propriedades, de origem desconhecida, na estrada do Joá – 1997.

Bar Âncora no Recreio dos Bandeirantes.
(Foto do arquivo da Revista do Touring Clube do Brasil*) – 1934.*

Piquenique no Recreio dos Bandeirantes.
(Foto do arquivo da Revista do Touring Clube do Brasil*) – 1934.*

Corrida de automóveis realizada no Recreio dos Bandeirantes.
O primeiro colocado foi um paulista,
como demonstra a bandeira do estado de São Paulo, na mão do vencedor.
(Foto do arquivo da Revista do Touring Clube do Brasil*) – 1934.*

lado oeste: o Recreio dos Bandeirantes, com seu antigo Bar Âncora, cujo prédio resiste firme, ainda imune à especulação imobiliária, embora muito maltratado.

Tal como a Barra da Tijuca, o Recreio também não é citado com abundância na esparsa literatura existente, que não contempla sequer com explicações sobre sua inusitada designação de Bandeirantes.

Por ali, com certeza não passaram Borba Gato, Fernão Dias Paes Leme ou seus companheiros, para procurar ouro e pedras preciosas.

Uma versão meio fantasiosa circula entre os mais velhos conhecedores do local, contando que, nas terras que constituíam as duas grandes glebas A e B, o proprietário da segunda delas, Joseph Weslley Finch, que a havia comprado em partes, entre 1927 e 1929, do Banco de Crédito Móvel, costumava promover visitas e piqueniques de fim de semana para potenciais compradores dos lotes de sua grande gleba com 1.430 milhões de metros quadrados, inclusive paulistas, tendo muitos deles adquirido os terrenos à beira-mar, para neles fazer seus sítios de descanso e recreio. Assim, pela presença destas pessoas, o local teria passado a chamar-se Recreio dos Bandeirantes.

Não há fatos concretos que legitimem esta versão, ou quaisquer outras, mas efetivamente, desde 1920, a Gleba B, conhecida também por

Planta original da Gleba B
do loteamento da Recreio dos Bandeirantes
Imobiliária S.A. – 1935.

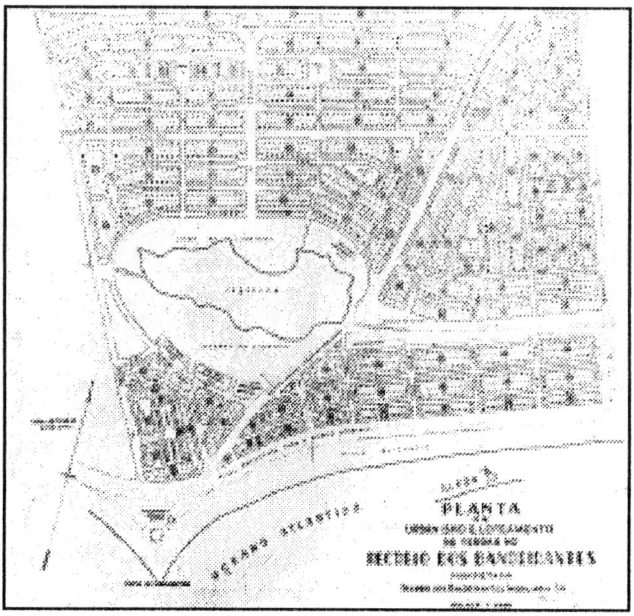

Tranqüila paisagem do Recreio dos Bandeirantes.
(Foto do arquivo da Revista do Touring Clube do Brasil*) – 1934.*

Piquenique de um grupo de senhoras no Recreio dos Bandeirantes.
(Foto do arquivo da Revista do Touring Clube do Brasil*). – 1934.*

Gleba Finch, foi registrada como Jardim Recreio dos Bandeirantes, o que confirmam plantas oficiais. Mais tarde, o loteamento passou a ser somente Recreio dos Bandeirantes, nome que permanece até hoje.

Há uma outra versão verbalizada, que admite Ter o termo bandeirantes, o sentido de desbravador, como foi usado por Cândido Mota Filho, numa situação similar, no seu livro *Contagem Regressiva*: "...Esse paulista de velha cepa tinha vocação bandeirante de conhecer e descobrir".

Assim, seria bandeirante aquele que se aventurasse na conquista daquelas terras ermas, tão distantes do Centro da Cidade, na década de 20. A propósito, parece oportuno destacar que a logomarca da empresa imobiliária proprietária do empreendimento caracterizava-se por apresentar em destaque a figura de um bandeirante.

A falta de qualquer outra alternativa mais convincente remete à possibilidade de haver algum tipo de fundamento para as versões mais difundidas, porém sem confirmação. O caminho permanece livre para que os mais curiosos descubram o porquê verdadeiro da instigante denominação.

Final do ponto de ônibus no Recreio.
(Foto do arquivo da Revista do Touring Clube do Brasil*) – 1930.*

História

Há uma íntima ligação da Barra da Tijuca com os Sá, parentes do fundador da Cidade, Estácio de Sá, sobretudo os da descendência direta de Salvador Correia de Sá, o Velho, cabeça da dinastia não oficializada, que exerceu a governança do Rio de Janeiro por dois períodos; do seu filho, Martim de Sá, por mais dois, e de Salvador Correia de Sá e Benevides, filho de Martim, por três períodos. A família governou a Cidade de 1568 a 1661, com pequenos intervalos, alguns deles preenchidos por Duarte Correia Vasqueanes, primo de Martim de Sá, e por Thomé Correia de Alvarenga, primo de Salvador Correia de Sá e Benevides.

De acordo com os costumes e as práticas vigentes à época, os mandatários da cidade distribuíam as terras devolutas, não produtivas, que eram conhecidas por sesmarias, figura da legislação portuguesa desde 1375, no reinado de D. Fernando I, que, mais tarde, foi codificada sucessivamente pelas Ordenações Afonsinas (1446), Manoelinas (1511) e, finalmente, pelas Filipinas (1603).

As terras doadas eram sempre muito extensas, ocupando muitas léguas (uma légua equivale a 6.600 metros) e começaram a ser distribuídas no Brasil em 1530, quando o rei de Portugal, D. João III, outorgou a Martim Francisco de Souza, que comandou a primeira expedição colonizadora, autoridade para distribuir essas terras às pessoas que "consigo levar e às que na dita terra (Brasil) quiserem viver e povoar".

Assim, com o poder de que dispunham, doavam uns aos outros grandes sesmarias, que, no caso dos Sá, parecem ter sido escolhidas a dedo.

O Velho Salvador de Sá, que se havia presenteado com metade da Ilha do Gato (ou do Maracajá ou Paranapuam), e, por isso, adiante chamada do Governador, distribuiu muitas outras terras a quem o havia auxiliado no combate aos invasores franceses, inclusive na grande área ocupada hoje pela Barra da Tijuca, Jacarepaguá e Guaratiba, doada em sesmarias a Julião Rangel e Jerônimo Fernandes, que, mais tarde, repassou ao próprio Julião, homem de muitos vínculos com a família Sá.

Salvador Correia de Sá, o Velho – 1º Governador da cidade –
(s/ identificação e s/ data)

As sesmarias deveriam ser povoadas e cultivadas, transformando-se em terras produtivas, com recolhimento de impostos à Fazenda Pública e, não tendo tal coisa ocorrido passados trinta anos, os filhos de Salvador de Sá, Martim e Gonçalo, pediram-nas ao pai, que, com a concordância do antigo sesmeiro, deferiu favoravelmente, dando-lhes as "terras e augoas q. Estão hônde se chama Tiguga", em 1594.

Coisa que se repetiu, com o emprego do mesmo expediente, nas terras de Campos dos Goitacazes (hoje cidade de Campos), repartindo-as com seus sobrinhos Gonçalo, Manuel e Duarte Correia de Sá.

Na cidade do Rio de Janeiro, o chão da Barra, lá na origem da Cidade, teve como donos primitivos, portanto, a enorme cepa dos Sá, embora, no presente, quase totalmente ignorados, não fosse uma humilde homenagem prestada à filha de Gonçalo de Sá, Vitória, que dá nome a uma pequena praça sem qualquer representatividade.

As dimensões dessas sesmarias correspondiam a bem mais que o atual bairro de Jacarepaguá; iam além do Campo de Marangá (Largo do Campinho), na direção norte, para o nordeste até ao maciço da Tijuca e, para sudeste, até Guaratiba.

Para manter alerta o leitor, não o confundindo com as citações aparentemente repetitivas dos nomes dos componentes da família Sá, é preciso explicar que a inventiva e a originalidade na atribuição dos nomes a seus descendentes não era muito elástica, variando muito pouco. Assim, por exemplo, os nomes de Salvador, Gonçalo, Duarte, Diogo e Martim repetem-se por gerações, fato que concorre para aumentar as confusas reivindicações, que se arrastam nos tribunais, sobre os eventuais titulares das terras da Baixada de Jacarepaguá.

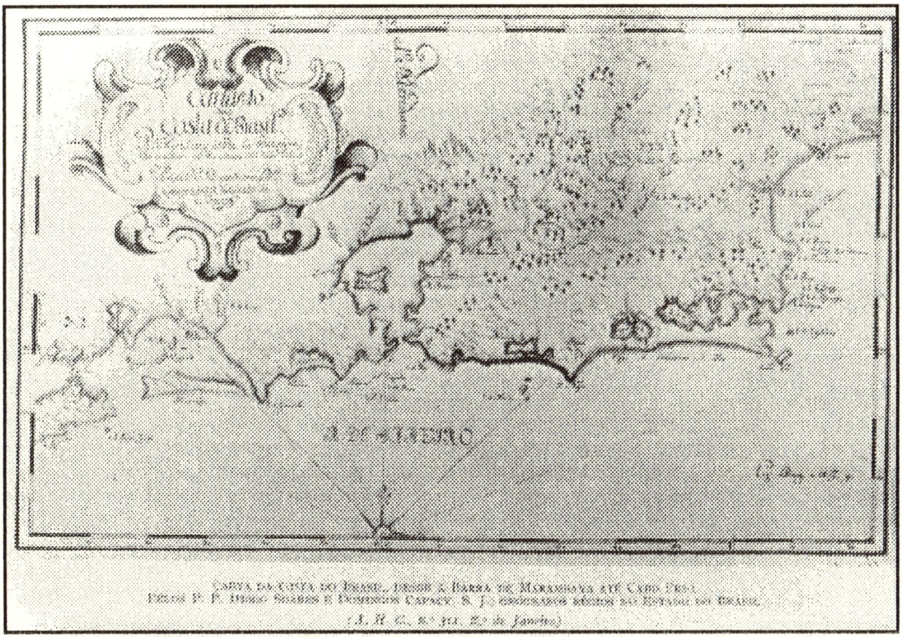

Carta da costa do Brasil, da restinga de Marambaia até Cabo Frio, feita pelos padres Diogo Soares e Domingos Capacy S. J., geógrafos-reais. (Arquivo da Cidade, nº 311 – s/ data).

Mas, voltando à história. Em 1662, Martim de Sá (filho de Salvador Correia de Sá, o Velho), no seu segundo mandato de alcaide da Cidade, aumentou a presença da família na região, cujo limite, para o lado do mar, era o entorno das lagoas mediterrâneas (Jacarepaguá, Camorim e

Tijuca), doando a área da praia ao seu irmão Gonçalo, desta forma passando a donos de toda a Baixada de Jacarepaguá, da serra de "Camoryhi" (Camorim) até o canal da Barra da Tijuca, embora cada um com seu quinhão.

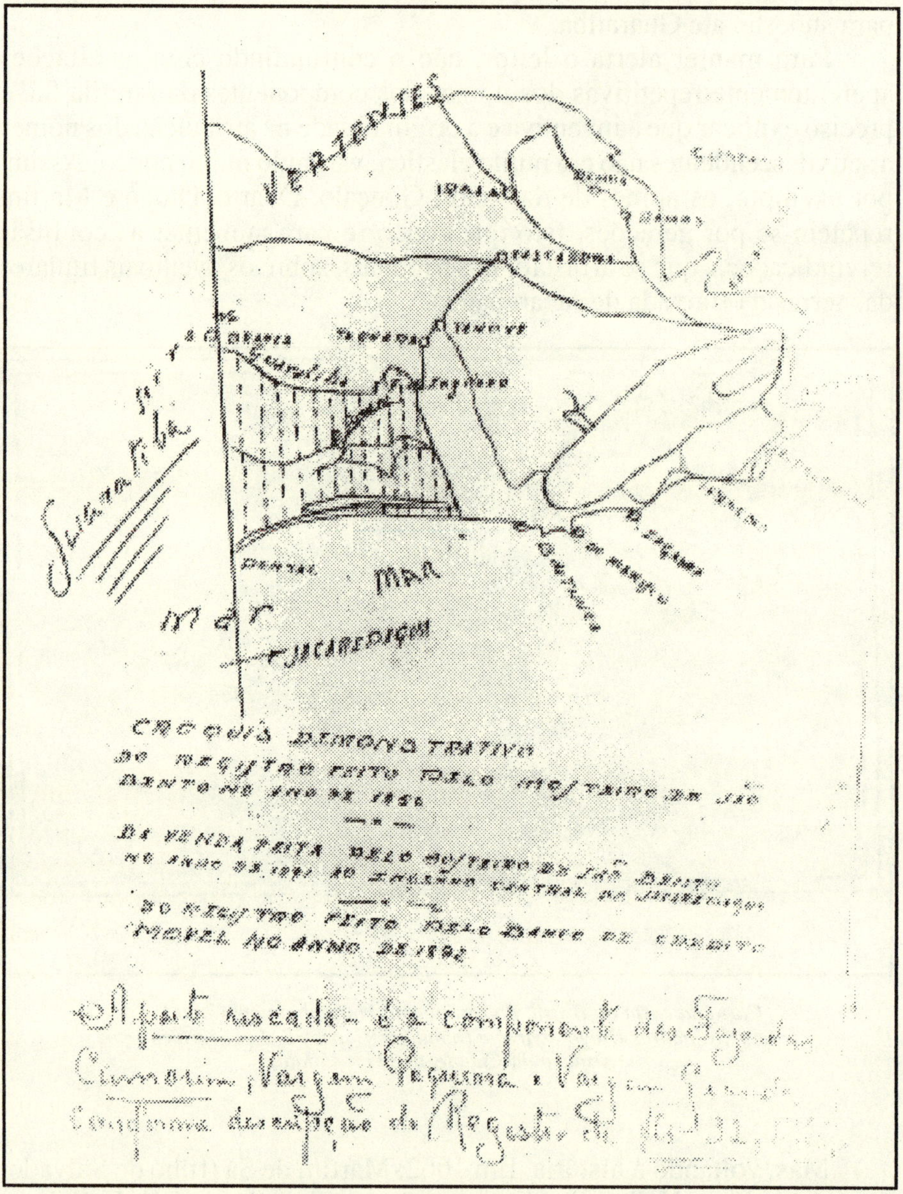

Croquis demonstrativo do registro feito pelo Mosteiro de São Bento no ano de 1856. (Arquivo do Mosteiro de São Bento).

Dentro dos padrões administrativos autoritários e absolutistas vigentes, ao sair do governo, seu sucessor, Governador e Capitão-Mor Francisco Fajardo, confirmou todas as doações, quando, então, foi construído o engenho de cana-de-açúcar do "Camoryhi", mais tarde dado de presente à filha de Gonçalo Correia de Sá, Vitória de Sá, por ocasião do seu casamento com o Governador Geral do Paraguai, Luiz Cespedes Xeria. Assim como brindaram-na ainda com extensos canaviais, que ocupavam do arroio Pavuna até o mar, prolongando-se até as terras de Guaratiba.

Morrendo os dois irmãos, mais ou menos na mesma época, a viúva de Gonçalo Correia de Sá, Esperança, vendeu, em 1643, a seu sobrinho Salvador Correia de Sá e Benevides, filho de Martim de Sá e da espanhola Maria Mendonza y Benevides, as terras além do arroio da Pavuna, na direção oeste.

Assim, com o que herdara de seu pai, Sá e Benevides passou a dono quase absoluto de toda Jacarepaguá, exceto a parte pertencente a sua prima, Vitória de Sá.

Em 1667, dois fatos importantes ocorreram em relação à região da Baixada de Jacarepaguá, um deles ligado especificamente à futura Barra da Tijuca, ambos envolvendo Salvador Correia de Sá e Benevides.

O primeiro foi a instituição de dois Morgadios – figura da legislação imobiliária de então, que tornava uma propriedade indivisível e inalienável, de forma a perpetuar o patrimônio familiar, ficando o bem transmissível por herança sempre ao filho primogênito que, por isto, chamava-se Morgado. Um dos Morgadios beneficiou Martim Correia de Sá e Benevides, o 1º Visconde de Asseca, e o outro, a João Correia de Sá e Benevides, seu irmão mais novo.

Martim Correia de Sá e Benevides ficou com as terras litorâneas, medindo duas léguas pela costa e duas léguas de profundidade, enquanto João ficava com as terras para os lados da igreja de Nossa Senhora da Cabeça, construída na casa do "Engenho d'Agoa", conhecida por Cabeça de Jacarepaguá, até os limites das terras de sua tia Vitória, no arroio Pavuna.

O outro fato marcante para a Barra da Tijuca, ocorrido em 1667, diz respeito à morte de Vitória de Sá, que deixou por testamento, para os Beneditinos do Mosteiro de São Bento, seus bens "... desde o rio Pabuna athe o mar e correndo a costa athe junto de Guaratiba com seus campos, montes, restingas, lagoas, rios...", além "... de tres currais de gado vacum em que avera cem vacas com suas crias ..." e mais "... os escravos gentios da Guiné, crioulos, crioulas, mulatos, mulatas e mamalucos e mamalucas, e alguma gente da terra ...", terras nas quais localizava-se o Engenho do "Camoryhi", testamento constante do Livro Judicial 114, folhas 74/77, do 2º Ofício de Notas da Cidade do Rio de Janeiro.

O Mosteiro de São Bento, tendo adquirido outras propriedades vizinhas à herdada, anteriormente doadas por Vitória de Sá a terceiros, aumentou a área que possuía e, por decisão de seu Abade, dividiu-as, criando três engenhos: o já mencionado Camorim, o da Vargem Grande e o da Vargem Pequena.

Numa planta cujo original está no Arquivo Nacional, que abrange toda a região, inclusive parte de Guaratiba, feita em 1767, pelo Sargento-Mor Manoel Vieyra, por ordem do Conde da Cunha, Vice-Rei do Brasil, as propriedades do Mosteiro de São Bento estão claramente explicitadas.

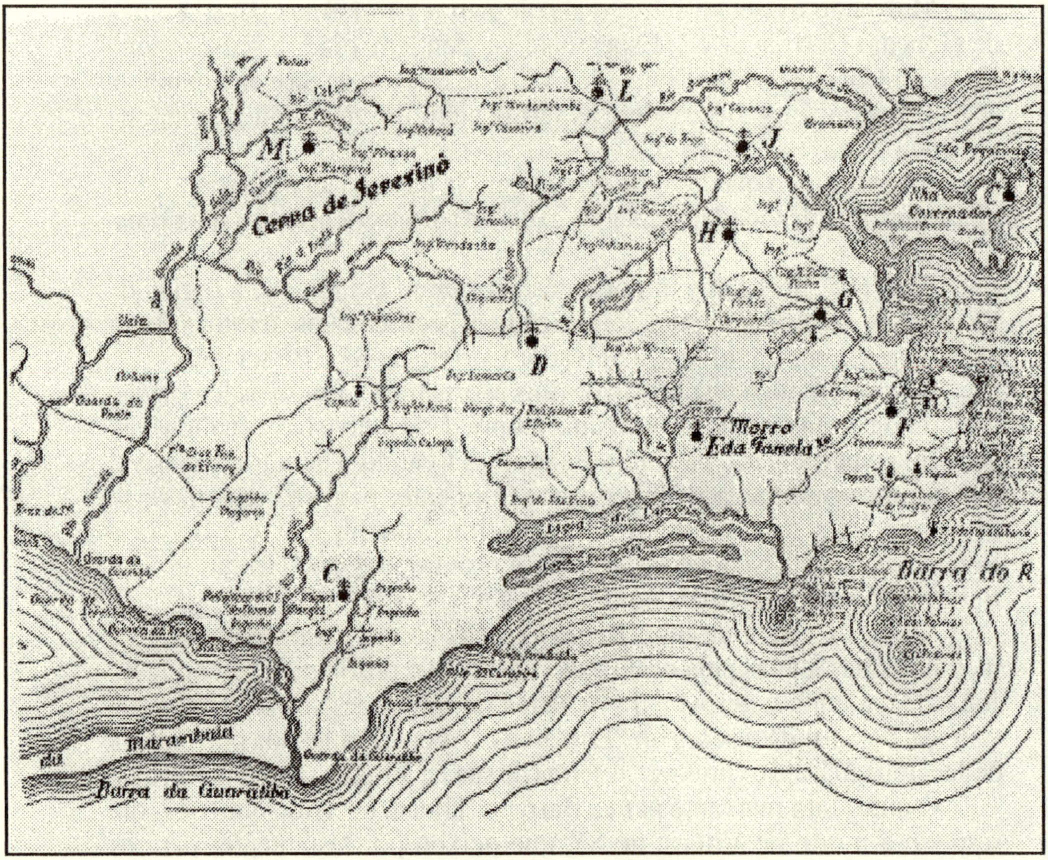

Trecho do litoral da cidade do Rio de Janeiro, constante da carta topográfica da Capitania do Rio de Janeiro, em 1767, feita por ordem do Conde da Cunha, Vice-Rei do Brasil, por Manoel Vieyra, Sargento-Mor e Governador da fortaleza de São Sebastião do Rio de Janeiro.

A doação feita de D. Vitória de Sá tem história conturbada, originando demandas até hoje, embora, em 1678, Salvador Correia de Sá e Benevides tenha reconhecido, depois de recorrer às instâncias da justiça na colônia e, por Carta Advocatória, ao Juízo Cível da Corte de Lisboa, os direitos do Mosteiro de São Bento, não sem antes receber cinco mil cruzados de indenização.

Os monges beneditinos, apesar das turbulências judiciais, acabaram proprietários das terras que iam do arroio Pavuna até as imediações de Guaratiba, e deixaram como testemunho e recordação a capela de Nossa Senhora de Monteserrat, na Vargem Pequena, ainda no local.

Nos novos engenhos do Mosteiro, a partir de 1777, foi diversificada a produção e, além do açúcar, começou a fabricação de farinha de mandioca, até o final do século XVIII.

Mais à frente, na mesma localidade, o Abade D. Antônio do Desterro Gouveia fez, entre 1789 e 1793, instalar uma fábrica de anil, produto muito usado como corante azul (índigo), que, em face dos preços de produto similar colocado no comércio pelos ingleses, a valores muito inferiores, não resistiu à concorrência, acabando por fechar com grandes prejuízos.

A partir de 1871, com a Lei do Ventre Livre e, finalmente, com a libertação total dos escravos em 1888, as fazendas que pertenciam aos beneditinos entraram em acelerado processo de decadência, até serem definitivamente desativadas.

Por isso, em 1891, o Abade Manoel de Santa Catarina Furtado vendeu-as à "Companhia Engenho Central de Assucar e Alcool de Cana de Jacarepaguá", da família Teles Barreto de Meneses, cujo chefe era o Juiz de Órfãos Francisco Teles Barreto de Meneses, por duzentos e cinqüenta contos de réis, para fazer face a impostos territoriais devidos ao Tesouro Nacional.

Daí em diante, confunde-se mais a situação fundiária da região, com a passagem do título de propriedade correspondente às fazendas do Camorim, da Vargem Pequena e da Vargem Grande para o Banco de Crédito Móvel, em 1891, título sobre o qual, até hoje, manifestam-se dúvidas e questionamentos, que, em resumo, prendem-se à discussão se Vitória de Sá poderia dispor de sua propriedade para doá-la em testamento ao Mosteiro de São Bento ou, na eventualidade de não ter esse direito, se os Sá, através de Salvador Correia de Sá e Benevides e seus descendentes, seriam os titulares de todas as terras da Barra da Tijuca.

Com a extinção do instituto do Morgadio, em 1820 e 1821, os descendentes de Martim Correa de Sá começaram a vender ou aforar as suas primitivas terras, como as que, por Carta de Arrematação, passaram a Antônio Serpa Pinto, situadas do arroio da Pavuna até o canal de Joatinga, as quais muito mais tarde vieram a se constituir na Fazenda da Restinga, depois subdivida em glebas, designadas por letras do alfabeto, de A até H, enquanto a parte herdada pelos beneditinos, em poder do Banco de

Crédito Móvel, vem tendo, desde 1974, sua titularidade discutida nos tribunais.

Porém, com ou sem decisões judiciais, persistiram remanescentes os questionamentos, pois a confusão provocada pelos herdeiros dos Sá, cujas terras com limites imprecisos continuaram a ser objeto de transações sucessivas, causando muitas demandas, como a que envolve o libanês Mohamad Ismail El Samad, que postula o reconhecimento de escritura em nome de Abílio Soares de Souza, fundamentada em documentação precária, de posse de cerca de dez milhões de metros quadrados de terras, que teriam sido a ele transferidas, originárias, pelos caminhos tortuosos já mencionados, do 2º Visconde de Asseca e que, numa série de confusas operações imobiliárias, transações chegaram ao referido Abílio Soares de Souza, em 1928.

Mas essa titularidade de Abílio Soares de Souza é também questionada, pois ela teria sido adquirida de Aldo Bonardi e outros, fato que não é pacífico para os descendentes de Bonardi, que se julgam detentores dos direitos sobre as terras.

Para que se possa avaliar as confusões relativamente a essa situação, num dos processos julgados pelo Superior Tribunal de Justiça, o Recurso Especial nº 16.391-0-Rio de Janeiro, a viúva de Abílio, Irene Soares de Souza, aparece como recorrente e como recorrida, isto é, ela é reclamante e reclamada. Autora e ré...

Como se pode depreender, na verdade, tudo é impreciso e contestado. A herdeira única do espólio de Abílio Soares de Souza, questiona no processo do lado dos Bonardi – que, por sua vez, acreditam que as terras lhes pertencem – na tentativa de anular na Justiça os direitos transferidos por ela ao libanês, enquanto o mesmo El Samad briga, por seu lado, junto com a herdeira de Abílio Soares de Souza, discute contra todos os atuais titulares das terras, para fazer valer seus pretensos direitos.

A situação continua confusa. No primeiro semestre de 1993, o Supremo Tribunal Federal deu provimento, em parte, ao recurso de El Samad, determinando que o processo deverá ser julgado pelo Tribunal de Justiça do Estado do Rio de Janeiro, e só depois disso a Suprema Corte poderá apreciá-lo, no que concerne aos direitos daqueles que negociaram com o extinto Banco de Crédito Móvel e com os descendentes de Antônio Serpa Pinto, titulares da Carta de Arrematação relativa à compra das terras de José Cândido Pereira Salgado, a ele vendidas em 1863, cuja origem eram as sesmarias da família Sá, quando da revogação da Lei do Morgadio. Contudo, ainda parece longe o capítulo final dessa interminável novela.

Independentemente de toda controvérsia sobre quais eram as terras de Martim Correia de Sá, de Gonçalo Correia de Sá e de sua filha Vitória de Sá, as evidências mostram que as do primeiro iam do arroio Pavuna (o qual, ao longo do tempo, teve várias denominações parecidas: Pubana; Ipubana – na escritura de instituição do 2º Morgado em 1668; Pavuna – no testamento de Vitória de Sá, e novamente Pabuna – no Livro de Contas do Frei Leão de São Bento), até a região de Guaratiba, a sudoeste, indo até do campo de Marangá (hoje, Campinho), terminando no litoral. Terras estas que, mais tarde, vieram aglutinar os primeiros grupos populacionais na Taquara (nome derivado da grande quantidade de uma variedade de bambu existente no local (do tupi, *ta'kwar*), propriedades que emanavam, lá atrás, ou dos monges do Mosteiro de São Bento, ou dos que as adquiriram daqueles aos quais o primo de Vitória de Sá, Salvador Correia de Sá e Benevides, havia vendido, que, por sua vez, as comprara de sua tia, Esperança de Sá, viúva de Gonçalo de Sá. Como testemunho material dessas terras, lá está a igrejinha de São Gonçalo de Amarante, na região de Camorim, que permanece de pé.

Igreja de São Gonçalo Amarante,
construída na sesmaria de Gonçalo Correia de Sá, no Camorim – 1994.

O trecho do outro lado do arroio Pavuna, na direção do maciço da Tijuca, e até o canal da Joatinga, pertencia a Martim Correia de Sá que, inclusive, tinha ali um de seus engenhos, o "Engenho d'Agoa", cuja casa até hoje está preservada numa elevação ao final da estrada do Gabinal e no início da Avenida Ayrton Senna. Esta região, também por herança, veio a pertencer ao mesmo Salvador Correia de Sá e Benevides.

O local onde estava o "Engenho d'Agoa" era um importante entroncamento de caminhos, de forma que, bem próximo, como era comum, mais tarde, foi construída a igreja N. S. do Loreto, ainda existente, matriz da Freguesia de Jacarepaguá. Daí o nome pelo qual ficou conhecido o local, Freguesia.

Para sermos mais simples: Martim era um homem da Freguesia e Gonçalo era homem da Taquara, embora estes dois topônimos naquele tempo não existissem.

Casa da família de Martim de Sá, sede do "Engenho d'Agoa", ainda de pé – 1994.

No momento, quatro grupos detêm ainda grandes áreas na Barra da Tijuca: a Carvalho Hosken S/A e suas coligadas Barra da Tijuca Imobiliária S/A e São Fernando Empreendimentos Imobiliários S/A, cujo acionista maior é o engenheiro Carlos de Carvalho; a empresa Saneadora Territorial Agrícola – ESTA, primitivamente de Francis Walter Hime e, a partir de 1955, de propriedades de Tjong Aiong Oei, natural de Cingapura, naturalizado brasileiro; Pasquale Mauro, também naturalizado brasileiro, nascido na Itália, e Múcio Athaide, advogado, às voltas com inúmeras questões na justiça, que hoje vive em Miami.

Não ocorrem mais, felizmente, os tristes e lamentáveis episódios de lutas armadas e crimes, como os que aconteceram há cerca de 50 anos, tendo como protagonista principal o notório professor de matemática Raul d'Ávila Goulart, mandante e possível executor de muitas violências e mortes, visando ampliar áreas que alegava suas, para depois loteá-las e vendê-las inescrupulosamente, várias vezes, a diferentes compradores que, ao reclamarem, eram ameaçados de morte ou mortos, mesmo.

Este grileiro de triste fama terminou preso e condenado, cumprindo 11 anos de pena. Mas, não obstante, seus herdeiros continuam ainda a discutir a posse dessas terras controvertidas.

O primeiro dos quatro grupos mencionados engloba um patrimônio aproximado de 12 milhões de metros quadrados de terras, vinculadas originariamente tanto aos Serpa Pinto, como ao Banco de Crédito Móvel, espalhadas em pontos diversos da Baixada de Jacarepaguá.

Começou a implantação de um novo e grande empreendimento imobiliário: o RIO 2 – A CIDADE INTELIGENTE, com mais de seis dezenas de prédios de apartamentos com doze andares cada, que deverão abrigar, quando prontos, cerca de dez mil pessoas. No momento, as obras estão paralisadas.

Além disto, tenta ainda o Grupo Carvalho Hosken dar andamento a outro polêmico projeto: a ocupação da Gleba E, da antiga Fazenda da Restinga,

Gleba E, localizada na área conhecida por Saco e Saquinho, onde o grupo Carvalho Hosken pretende construir um conjunto de 135 prédios de 18 andares – 1997.

situada nos locais chamados Saco e Saquinho da lagoa da Tijuca. Já conseguiu ter reconhecidos seus direitos na justiça, mas o governo municipal, usando todo seu arsenal jurídico, tem conseguido evitar a efetivação do projeto.

A proposta é não só grandiosa como ambiciosa, pois pretende ocupar enorme área que ainda tem preservados manguezais e vegetação nativos, situada às margens de lagoa da Tijuca, lindeira à Via Parque e fronteira aos fundos do Casa Shopping, Makro, Barrashopping e do Via Parque Shopping.

Em outros sítios da Barra da Tijuca há mais terras das empresas desse grupo, notadamente ao longo das avenidas das Américas, Ayrton Senna, Salvador Allende e Sernambetiba (Lúcio Costa).

O segundo dos grupos citados, a ESTA S/A, possuía inicialmente cerca de 10 milhões de metros quadrados de terras, compradas ao Banco Crédito Móvel, distribuídas sobretudo nas imediações do entroncamento das avenidas das Américas e Ayrton Senna e na avenida Sernambetiba, depois da avenida Ayrton Senna, na direção do Recreio dos Bandeirantes, e na avenida Embaixador Abelardo Bueno.

Nas antigas propriedades da ESTA S/A foram construídos: o pioneiro Fazenda Clube Marapendi; o Jardim Marapendi; os Condomínios Nova Ipanema, Novo Leblon, Park Palace, Mandala, Santa Mônica, Santa Marina, Nau da Barra, Portal da Barra, Vivendas do Bosque e os empreendimentos comerciais do porte do Barrashopping, Casa Shopping, Makro, Carrefour, o Via Parque Shopping, e, mais recentemente, no parque temático "Terra Encantada".

Em terras também da ESTA S/A, por doação, estão localizados o Parque Arruda Câmara, popularmente conhecido por Bosque da Barra, o Hospital Lourenço Jorge; o Parque das Palmeiras, conhecido por Cebolão, e o terminal rodoviário.

Outro grupo com grandes extensões de terra é o de Pasquale Mauro, com 13 milhões de metros quadrados, distribuídos a partir do quilômetro oito da avenida das Américas, expandindo-se na direção do Recreio dos Bandeirantes e para o interior, em áreas próximas aos canais do Cortado, Urubu e do Portela, até a Estrada dos Bandeirantes.

Pasquale Mauro começou em 1940 a investir na Barra, sendo a primeira de suas propriedades um sítio ainda existente, embora sem significativo aproveitamento comercial, agrícola ou pastoril, nas imediações da estrada Benvindo da Novaes, onde cria gado holandês, para produção de leite.

Sua fortuna aparentemente se originou da comercialização de bananas climatizadas, tanto para o consumo interno como para exportação, o que lhe valeu o título, que ainda conserva, de "Rei da Banana".

Do grupo Pasquale Mauro fazem parte, segundo consta, a Granja Calabria, o Loteamento e Condomínio Rio-Mar, o Hospital Rio-Mar e a

Pasquale Mauro Mineração, esta última grande responsável pela degradação das dunas que constituíam parte da restinga de Jacarepaguá, com a venda de areia, durante o período mais intenso das obras de construção do Metrô.

Degradação das dunas da restinga de Jacarepaguá – 1997.

Granja Camábria de Pasquale Mauro, na estrada Benvindo de Moraes – 1994.

Exploração predatória das ostreiras da lagoa de Marapendi.
(Foto da coleção do Correio da Manhã */ Arquivo Nacional) – 1962.*

Dunas originais da restinga de Jacarepaguá.
(Foto de Sylvio Fróes Abreu) – 1953.

Pasquale Mauro exerceu, durante algum tempo, as funções de liquidante do Banco de Crédito Móvel, do qual tem origem a maior parte das suas terras.

O quarto grupo significativo, proprietário de terras na Barra da Tijuca, e certamente o mais contestado, é o de Múcio Athayde, com sua empresa Desenvolvimento e Engenharia Ltda., que cresceu com os governos de Juscelino Kubitschek, em Minas Gerais e em Brasília, sobretudo quando da construção da nova Capital.

Adquiriu, em 1968, de Ivete Palumbo, a Gleba C da Fazenda da Restinga, compreendida entre a avenida Sernambetiba e a lagoa da Tijuca, transação que deu origem a longa demanda judicial, na qual obteve ganho de causa, em que pese recurso pendente no Supremo Tribunal Federal, impetrado pela parte perdedora.

Nos 1,5 milhão de metros quadrados, comprometeu-se a construir, num megaprojeto, as Torres da Barra, cilindros envidraçados pouco condizentes com a proposta de vida na Barra da Tijuca, projeto de pouca inspiração de Oscar Niemeyer, denominado de Centro da Barra, das quais, até agora, depois de vinte e cinco anos, só uma das torres está habitada. Das unidades restantes, duas estão com suas estruturas quase prontas e a quarta não tem nem 15% construído.

Em 1981, anteriores, lançou, no mesmo local, um novo empreendimento, a Athaydeville, com lotes para residências e para comércio, em ambos os lados da avenida das Américas, alguns deles comprados pela Brascan, Bradesco, Casas Sendas e pela extinta Casas da Banha, entre outros.

Esses são os maiores proprietários na região da Barra da Tijuca, embora outros menores e menos conhecidos tenham propriedades consideráveis, a partir da avenida Ayrton Senna, na direção do Recreio dos Bandeirantes, como os herdeiros do ex-tabelião Hugo Ramos Filho, a CATISA, a Servenco S/A, o Espólio Paulo Fernandes, a ECIA S/A, a Itaguaí Agrícola e Pastagem Ltda. a COMASA, o condomínio Alceo de Carvalho, a York Engenharia Ltda., a Motortec Aeronáutica e o próprio Ministério da Aeronáutica, com cerca de 340 mil metros quadrados, que recebeu quando da desapropriação da área que pertenceu ao grupo francês da Compagnie Generale Aéropostale, nos termos do Decreto nº 6.870/44, e outros, cujas origens quase sempre nebulosas remontam à posse, compra de posse e conquista por usucapião.

A situação fundiária da região da Barra da Tijuca é, por si, muito controvertida, aumentada pela ingerência do Serviço do Patrimônio da União, calcado em legislação de 1831, que estabeleceu as chamadas "terras de marinha", gerando novos aborrecimentos à população, ao insistir na anacrônica cobrança do foro àqueles cujas propriedades se encontram em áreas por ele demarcadas a partir de parâmetros inteiramente superados.

Desenvolvimento

A OCUPAÇÃO da Barra da Tijuca não foi obra solitária de um governo ou de um sonhador visionário. De sertão carioca, como era conhecida até o final dos anos quarenta, à condição atual de bairro de vanguarda, muita coisa se passou. Algumas sem a finalidade específica de sua incorporação à cidade e outras, bem mais recentes, frutos de planejamentos objetivamente definidos.

As primeiras notícias comprovadas na literatura do aproveitamento econômico da região da Baixada de Jacarepaguá e, conseqüentemente, da atual Barra da Tijuca, remontam ao século XVI, todas ligadas à família Sá e, mais tarde, aos beneditinos, aos Telles Meneses e ao Baronato de Taquara.

A grande área, que, nos seus primórdios, foi denominada de "planície dos onze engenhos" (de açúcar), era usada, sobretudo, para o plantio da cana, com a qual se produzia o cobiçado açúcar.

Foi a cana-de-açúcar, portanto, a primeira manifestação, com caráter econômico, a ocupar a região, nas suas áreas não alagadas.

O fim da escravidão pegou desprevenidos os grandes latifundiários da época que, privados da mão-de-obra escrava, inclusive os monges do Mosteiro de São Bento, como já foi dito, foram sendo obrigados a negociar suas terras, loteando-as ou vendendo-as, sobretudo a grandes empresas e investidores.

No século XVII, a produção do anil pode também ser considerada como uma atividade econômica apreciável, face à exuberância da presença da anileira-verdadeira, planta da família das leguminosas-papilionáceas nas matas locais, que, macerada e imersa em água, fermentava e, depois de sofrer oxidação, produzia o índigo, pigmento azul usado para fabricar tintas azuis e colorir têxteis.

Com o passar dos anos, as áreas postas à venda nos grandes loteamentos começaram a ser ocupadas, notadamente aquelas próximas às poucas estradas ou caminhos existentes, sendo a destacar as vizinhas à atual estrada dos Bandeirantes que, antes de ganhar este definitivo nome, foi estrada do Camorim, da Vargem Grande e Guaratiba.

Vista da Barra da Tijuca, desde a antiga fazenda do Quitite. Condomínio Eldorado. (Aquarela de Eduard Hilkdebrandt) – 1844.

A rala população local vivia e sobrevivia basicamente aproveitando-se de maneira indiscriminada dos fartos recursos naturais ali existentes.

Assim, surge a pesca nas lagoas, que, por ser representativa, os pescadores do local chegaram a formar a Colônia Z-14, reconhecida pela Confederação dos Pescadores do Brasil, com sede na restinga de Jacarepaguá.

Comércio (venda) típico da Zona Rural, na estrada dos Bandeirantes. (Foto de Sylvio Fróes Abreu) – 1955.

Tapera característica de pescadores na região da restinga de Itapeba.
(Foto de Sylvio Fróes Abreu) – 1932.

Em 1820, no seu livro *Memórias Históricas do Rio de Janeiro*, seu autor, José de Souza de Azevedo Pizarro e Araujo, o monsenhor Pizarro, diz, em certo trecho, a respeito do assunto: "Distante sete legoas da Cidade, se descobre outra (lagoa), dentro dos limites do engenho d'agoa, pertencente ao sobredito do Visconde (de Asseca), que comprida de tres a quatro legoas, com pouca differença se dirige de N. a S., principiando no sitio de Tanhenga, onde desemboca o mar da Tijuca por uma garganta de 18 a 20 braças, tortuosa e guarnecida de penedos, até pouco arredada e adiante da fazenda de Camorim pertencente ao S. Bento, de cujo logar se alarga por espaço de meia legoa, tendo sido muito desegual por comprehender, em partes, menos de trinta braças. Seu fundo é tão raso que a maior altura não excede à de um homem. Fartíssima de peixe muito saboroso satisfaz com liberalidade os povos visinhos e lhes permite que se aproveitem de sua abundancia para conserval-os em salgas todo anno".

Continua o monsenhor Pizzarro, "Entre essa lagoa, e o mar, acha-se a de Marapendi, menor um terço que a antecedente (de Jacarepaguá), e situada em direcção semelhante, mas não tendo saida para o mar, abunda pescado, e seu fundo é de altura notavel".

A propósito, vale recordar o caráter mediterrâneo da lagoa de Marapendi, que hoje é ligada à da Tijuca por um longo canal artificialmente construído pelos engenheiros do extinto Ministério da Viação e Obras Públicas, para evitar alagamento nas terras adjacentes, há mais de cinco décadas.

O relato de monsenhor Pizarro, somado aos de Armando Magalhães Correia, dimensiona a piscosidade das lagoas da Baixada de Jacarepaguá onde, além de peixe, era encontrado em abundância do jacaré de papo-amarelo (Jacaré Tingu), ao qual, em 1994, os jornais deram destaque, pela descoberta de um de seus exemplares, encontrado às margens da Lagoinha.

O peixe ali pescado não era só consumido no local, era comercializado em sítios bem distantes, como Irajá e Engenho Novo, para onde eram conduzidos pelos pombeiros (vendedores ambulantes de peixes e aves), em cestos, no lombo de burros.

Atividade primitiva e marcante na região da Baixada de Jacarepaguá era, também, a extração de madeira, abundante no local, sobretudo nas áreas mais altas, e a produção de carvão que, por ocasião da II Guerra Mundial, foi muito usado nos equipamentos de gasogênio, que movimentavam a frota de automóveis e ônibus no Rio, em virtude do rigoroso racionamento da gasolina.

Tanto a madeira quanto o carvão eram comercializados em toda a cidade, transportados, nos primeiros tempos, em carroças puxadas por parelhas de burros e, mais tarde, por caminhões.

Esta extração predatória da madeira para produção de lenha e carvão deixou desnudos os morros da região, como hoje é possível confirmar.

Outra destas incipientes e primárias atividades era a fabricação de tamancos, para os quais a madeira preferida era a tabebuia-do-brejo, encontradiça com fartura na região, muito branca, quando seca, e leve. O tamanco foi para os trabalhadores de antanho o mesmo que as sandálias de borracha dos nossos dias (tipo havaianas). Por aí se pode aquilatar a importância dos tamanqueiros e do produto que fabricavam.

A população local, sempre usando a matéria-prima que a natureza lhes colocava ao alcance sem ônus, era igualmente responsável pela fabricação de esteiras de tábua, assim como, usando cipós, cestos, balaios, peneiras, jacás, etc., encontrados até a década de 60 em qualquer quitanda de bairro, hoje substituídos por sucedâneos de plástico.

As olarias eram outra das atividades destas indústrias artesanais, sempre usando aquilo que encontravam no local. Argila estava ali ao alcance fácil; a fonte térmica para os fornos de cozimento nem precisava ir longe, lá estavam as árvores, que os machadeiros se encarregavam de pôr abaixo, portanto, era só pôr mãos à obra.

Da agricultura, depois do início com a cana-de-açúcar, de cujo fim já se falou, restou e resta a banana, que, nos dias de hoje, sobretudo nas encostas da estrada da Grota Funda, ainda pode ser constatada, embora em quantidade pouco representativa.

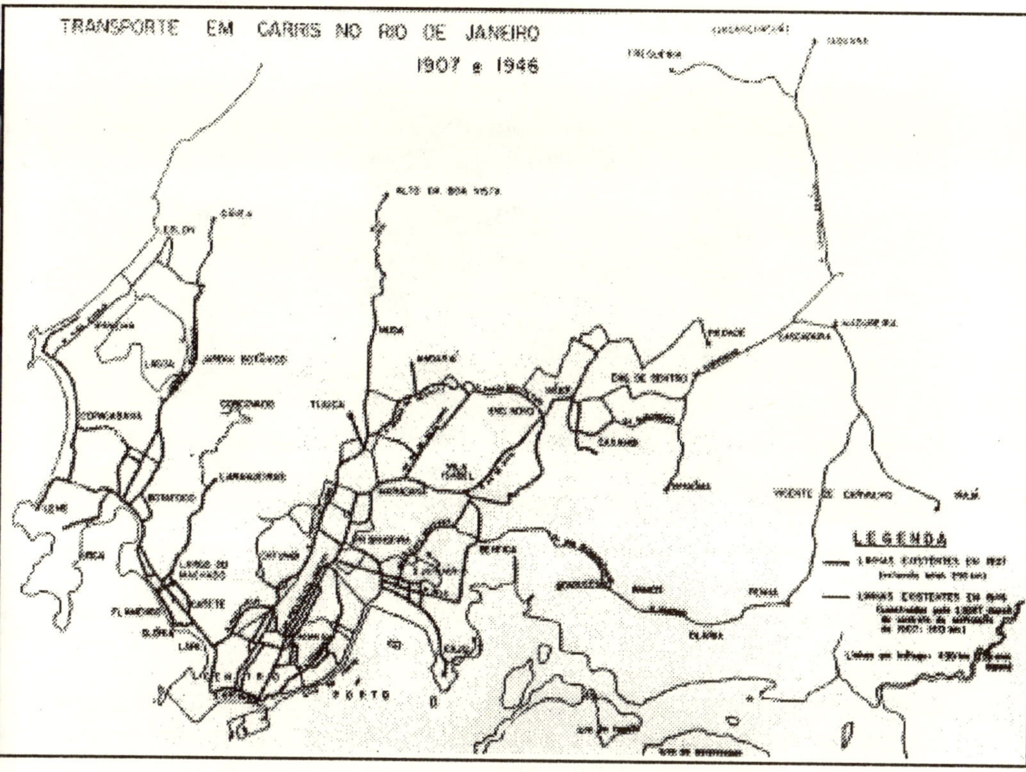

Transporte em bondes no Rio de Janeiro de 1907 a 1946.
(Julius Dunlop) – 1975.

O desenvolvimento do tecido urbano e suburbano do Rio, de um modo geral, teve como catalisador a facilidade dos meios de transporte. O trem, pelos eixos ferroviários pioneiros da Estrada de Ferro Central do Brasil e sua Linha Auxiliar – primitivamente chamada Estrada de Ferro Melhoramentos do Brasil – da Estrada de Ferro Rio d'Ouro e da *The Leopoldina Railway Company*, foi responsável pelo adensamento populacional na Zona Norte, juntamente com os bondes, que começaram timidamente a funcionar em 1859, ligando a cidade ao Alto da Boavista, até cobrirem grande parte do cidade, alcançando, no ponto mais longínquo, Jacarepaguá, na Freguesia e na Taquara, quando Etiene Campos, em 1875, criou a Companhia Ferro Carril de Jacarepaguá.

No início do atual século, em 1911, essa empresa foi vendida à Rio de Janeiro Transway, Light and Power Limited, a Light, que, em 1912, eletrificou seus bondes.

A conjugação de trens e bondes representou o mais importante meio de interiorização populacional da cidade, restrito, a princípio, ao seu centro original.

Linha de bondes na rua Cândido Benício, no Mato Alto.
(Foto de Mário Veiga Cabral), década de 20.

Em 1907, as linhas de bonde existentes já alcançavam 290 quilômetros, chegando, quarenta anos após, a 430 quilômetros, que, somados à malha ferroviária, propiciaram o aparecimento de bairros e localidades antes quase inatingíveis.

Entretanto, a Barra da Tijuca nunca chegou a receber estes benefícios, que se limitaram a atingir a Taquara e a Freguesia.

Só a cavalo, em pequenas embarcações ou com auxílio da tração animal, era possível percorrê-la, ainda que com dificuldade, sobretudo pelas extensas regiões alagadiças que tinham de ser desbordadas ou enfrentadas para encurtar caminhos, constituindo-se, por isso, no chamado sertão carioca.

A pouca declividade do solo fazia com que as águas alagassem grandes extensões, permitindo inclusive a navegação em barcos de pequeno calado, que serviam para o transporte e para a circulação da incipiente produção da região.

Ainda que sem um plano direto definido, as administrações municipais foram, ao longo do tempo, alterando a situação, cada uma delas dando sua contribuição, maior ou menor, na medida da operosidade dos seus titulares.

A administração de Francisco Pereira Passos (1903-1906), à qual tanto deve a cidade, foi responsável pela melhoria no calçamento do primitivo Caminho da Boa Vista (Alto da Boavista); pela sua continuação, descendo da serra, através da estrada das Furnas até a da estrada da Barra da Tijuca, que, mais tarde, seria a ligação com a Zona Sul, com a construção da estrada do Joá.

Adiante, com o Prefeito Antônio Augusto de Azevedo Sodré (1916-1917), o Rio de Janeiro recebeu, do rico português Conrado Jacob Niemeyer, o caminho parcialmente aberto por ele na montanha, junto ao mar, que constitui a atual avenida Niemeyer.

Parece proveitoso conduzir, com um pouco mais de detalhes, a história desse caminho, que, com o tempo, transformou-se em estrada e, nos nossos dias, em avenida.

Primitivamente, destinava-se ele a compor parte de uma ferrovia que deveria ir da zona sul da cidade, partindo de Botafogo, até Angra dos Reis, Para tanto, logo no início do primeiro governo republicano, a 10 de outubro de 1891, foi concedida permissão à Viação Férrea Sapucaí, que abriu na rocha os primeiros 800 metros, do lado do Leblon.

Entretanto, a obra foi paralisada por problemas com o traçado da via e só foi retomada com outra finalidade, em 1912, por Charles Weeksteed Armstrong, dono e fundador do Colégio Anglo-Americano, cujas instalações ficavam na Chácara do Vidigal, nas imediações do atual Hotel Sheraton, visando facilitar o acesso de seus alunos e professores ao local. Com isso, avançou o primitivo caminho em mais 400 metros.

Três anos após, Conrado Niemeyer, dono das terras da praia da Gávea, terminou por abrir o trecho restante, para atingir mais facilmente sua propriedade, onde está a igrejinha de S. Conrado, doando, após, o caminho, à Prefeitura.

Esse primitivo caminho foi melhorado na profícua administração do Prefeito André Gustavo Paulo de Frontin (1919) e concluído pelo Prefeito Carlos Cesar de Oliveira Sampaio (1920-1922).

No outro extremo da Baixada de Jacarepaguá, na gestão do Prefeito Amaro Cavalcante (1917-1918), que muito se preocupou com os subúrbios e a Zona Rural, foram realizadas obras de melhoramentos no Caminho do Camorim, que se prolongava até Vargem Grande, aberto, há cerca de 250 anos, pelos monges do Mosteiro de São Bento para facilitar a comunicação entre os engenhos que possuíam no local, caminho registrado pela história como trilhado pelo corsário Jean-François Duclerc, em 1710, numa das incursões francesas ao Brasil, na tentativa de conquistar a cidade. Neste mesmo período, foi iniciada a obra para ligação de Jacarepaguá com a estrada que descia de Furnas, junto à lagoa.

O advento e a popularização do automóvel mais acentuou a necessidade de estradas e ruas em condições adequadas à sua circulação, tornando-se imperiosa a melhoria de todas elas.

O Presidente Washington Luiz Pereira de Souza, no final dos anos 20, chegou a cunhar uma frase, repetida até os nossos dias: “Governar é

Inspeção das obras da avenida Niemeyer pelo Prefeito Paulo de Frontin, junho de 1919.

abrir estradas", tão pobre era o País de vias de circulação adequadas. Todavia, como a distância entre a retórica e a prática é sempre grande, as coisas caminharam devagar.

Nesta época, o Prefeito Antônio Prado Junior (1926-1930) e, anteriormente, Carlos Cesar de Oliveira Sampaio (1920-1922), já atentavam para a necessidade de abertura de novas vias, por onde pudessem circular os carros, cujo número já crescia. O primeiro dos citados foi responsável pela melhoria da chamada estrada da Gávea, nos seus quinze quilômetros de extensão, parte dela agora conhecida por estrada do Joá. Com muita visão, fez construir, nessa estrada, um restaurante panorâmico, que ainda lá está, que arrendou à Sociedade Anônyma de Viagens Internacionais, visando estimular o turismo interno. Não satisfeito, desapropriou a área de frente para esse restaurante, que serviria para estacionamento de veículos. Isso em 1º de março de 1929!

A região da Baixada de Jacarepaguá deve, ainda, a Prado Junior o início dos saneamentos de suas regiões alagadiças, com aterros, retificações de rios e abertura de vias internas.

Estrada do Joá, recém-construída, década de 30.

Estrada da Barra da Tijuca.
À esquerda o "green" do Gávea Golf. Club.
(Foto do arquivo da Revista do Touring Clube do Brasil*) – 1934.*

A Prefeitura, sob a responsabilidade de Olímpio de Mello (1935-1937), deu prosseguimento à idéia subjacente de ligar a Zona Sul à Zona Norte pelo litoral, concluindo a estrada do Joá que, com a avenida Niemeyer, as estradas da Barra da Tijuca, de Furnas e do alto da Boavista, tornava possível chegar à Tijuca, fechando um anel, e também facilitava chegar à própria Barra da Tijuca.

O percurso do lado da Tijuca seria muito melhorado na longa gestão do Prefeito Henrique de Toledo Dodsworth (1937-1945), que ampliou e pavimentou em concreto a atual avenida Édson Passos, asfaltando por fim a estrada da Barra da Tijuca, até a subida do Joá.

Da mesma forma procedeu o Prefeito João Carlos Vital (1951-1953), alargando, melhorando o traçado e o piso da estrada das Furnas, além de ter voltado à extremidade sudoeste da Baixada de Jacarepaguá, para estender o caminho entre as duas Vargens até a Taquara, consolidando a estrada dos Bandeirantes.

Coube ao Prefeito Ângelo Mendes de Morais (1947-1951) iniciar a pavimentação da avenida Sernambetiba (então avenida Litorânea), que, por várias vezes, foi destruída quando das manobras militares que o Exército realizava nos confins do Recreio dos Bandeirantes, e concluir outra importante via de penetração para a Baixada de Jacarepaguá, a estrada Grajaú-Jacarepaguá, duplicada na década de 80 pelo Prefeito Júlio de Morais Coutinho (1980-1983).

A respeito do governo de Mendes de Morais, vale ressaltar o mérito que lhe cabe por ter baixado o Decreto nº 10.825/51, aprovando o plano de diretrizes para vias arteriais na planície de Jacarepaguá, proposto pelo Departamento de Urbanismo, que previa muito do que foi adotado dezoito anos mais tarde por Lúcio Costa. Lá estavam: a avenida Ayrton Senna, com o nome de Via 11; a avenida das Américas, como Via 3; a Salvador Allende, como Via 9; a avenida Embaixador Abelardo Bueno, sob a denominação de Via 5 e as avenidas Canal de Sernambetiba e Prefeito Dulcídio Cardoso, como Via 2. Deste plano, entretanto, nada foi concretizado: fica o registro, somente.

Na administração do Prefeito Alim Pedro (1954-1955) foi concluído o fechamento do chamado Anel Rodoviário, que envolvia o perímetro da cidade, constituído pelas avenidas Brasil e das Bandeira, hoje unificadas sob a denominação de avenida Brasil. Dali, pelo trevo das Missões, pela antiga BR-6 (Rio-Santos-Joinvile, mais tarde BR-101 ou Rio-Santos), era possível chegar à avenida Litorânea (avenida Sernambetiba) que, subindo a estrada do Joá e avenida Niemeyer, fechava o anel.

Assumindo a Prefeitura, Francisco Negrão de Lima (1956-1958) voltou a melhorar o traçado da estrada de Furnas e teve o grande mérito de visualizar realmente a importância da Barra da Tijuca como um prolongamento da Zona Sul, iniciando, de modo efetivo, obras que

Construção da Estrada Grajaú-Jacarepaguá.
*(*Revista Municipal de Engenharia*) – 1947.*

Projeto de Vias Arteriais para a Baixada de Jacarepaguá.
*(*Revista Municipal de Engenharia*) – Década de 1940.*

começaram a proporcionar condições de sua habitabilidade, pavimentando a avenida Sernambetiba até o Recreio dos Bandeirantes e abrindo as primeiras ligações diretas com a Freguesia.

Com a saída prematura de Negrão de Lima, assumiu a Prefeitura (1958-1960) José Joaquim de Sá Freire Alvim, seu antigo Secretário de Administração, que deu continuidade à obra de seu antecessor, além de estabelecer os limites da Reserva Biológica, tão sonhada, desde 1932, quando o então prefeito Pedro Ernesto Batista chegou a denominá-la Reserva Biológica das Goettheas, pela grande quantidade dessa malvácea (Guetea) existente no local.

Reserva Biológica.
(Foto da Coleção do Correio da Manhã */ Arquivo Nacional) – 1960.*

Construção da 2ª ponte sobre a lagoa da Tijuca.
(Foto da coleção do Correio da Manhã */ Arquivo Nacional) – 1960.*

A tranqüilidade da inexplorada lagoa de Marapendi.
(Foto da coleção do Correio da Manhã */ Arquivo Nacional) – 1954.*

Praia da Barra da Tijuca, nas imediações da hoje badalada barraca do Pepê.
(Revista Manchete) – *1965.*

Época dos loteamentos na estrada Rio-Santos.
(Foto da coleção do Correio da Manhã */ Arquivo Nacional) – 1972.*

Litoral do Recreio dos Bandeirantes.
(Arquivo da Cidade) – 1965.

Praia da Barra da Tijuca
com poucos banhistas dividindo espaço com os cavalos.
(Foto da coleção do Correio da Manhã */ Arquivo Nacional) – 1972.*

A propósito da Reserva, sobre a qual até hoje muito se discute, ela só foi efetivamente tornada pública em 1960, por ato do governador José Sette Câmara, como primeiro governador do Estado da Guanabara.

Ainda na administração de Sá Freire Alvim, foi concluída a segunda ponte sobre a lagoa da Tijuca, paralela à antiga inaugurada em 1939.

Entretanto, a Barra da Tijuca continuava a ser um lugar ideal para piqueniques, banhos de mar e diversões noturnas. Seus acessos ainda deficientes e a falta de infra-estrutura básica impediam sua ocupação definitiva, embora as vendas dos lotes nos primeiros loteamentos junto ao canal da Barra – o Tijucamar e o Jardim Oceânico, que formavam, respectivamente, as Glebas A e B da Fazenda da Restinga – tivessem obtido sucesso.

Na outra ponta, no Recreio dos Bandeirantes, dois outros grandes loteamentos também ofereciam milhares de lotes, através da Imobiliária Litorânea S/A e da sua subsidiária, a Companhia Imobiliária Recreio dos Bandeirantes, pertencentes à família do médico Drault Ernanny.

Por ocasião dos festejos comemorativos do IV Centenário da Cidade (1965), a Barra ainda continuava sendo um tranqüilo balneário, sobretudo para os moradores da Zona Norte, que de carro tinham mais facilidade em alcançá-la, para usufruir de suas praias agrestes e limpas, convivendo com um ambiente ainda interiorano.

Deve-se por justiça creditar mais diretamente a alguns homens públicos o desenvolvimento da Barra da Tijuca, que olharam com mais atenção para a região, proporcionando as condições necessárias, junto com a iniciativa privada, para o seu atual estágio.

O primeiro deles, sem dúvida, o Prefeito e Governador do então Estado da Guanabara (1965-1971), Francisco Negrão de Lima, na segunda das condições citadas, foi responsável pela implantação do Plano Lúcio Costa, em 23 de junho de 1969, no qual este arquiteto estabelecia, dentro de critérios conceituais, a filosofia para a ocupação da Barra.

Muitos falam, argumentam e discutem sobre o Plano Lúcio Costa, sem sequer terem tomado conhecimento dele, senão das suas linhas gerais. Como o que aqui se pesquisa e estuda é a Barra da Tijuca – região –, parece adequado que se transcreva o pensamento do arquiteto em 1969, quando estabeleceu as linhas mestras para a ocupação ordenada do grande triângulo que constitui a Baixada de Jacarepaguá, o Plano-Piloto para Urbanização da Baixada de Jacarepaguá. É importante sua leitura para entender melhor o que ocorre nos dias presentes.

Nesta transcrição, obedeceu-se literalmente ao que foi escrito, naquela ocasião, por Lúcio Costa, respeitando-se, portanto, a construção gramatical e a grafia.

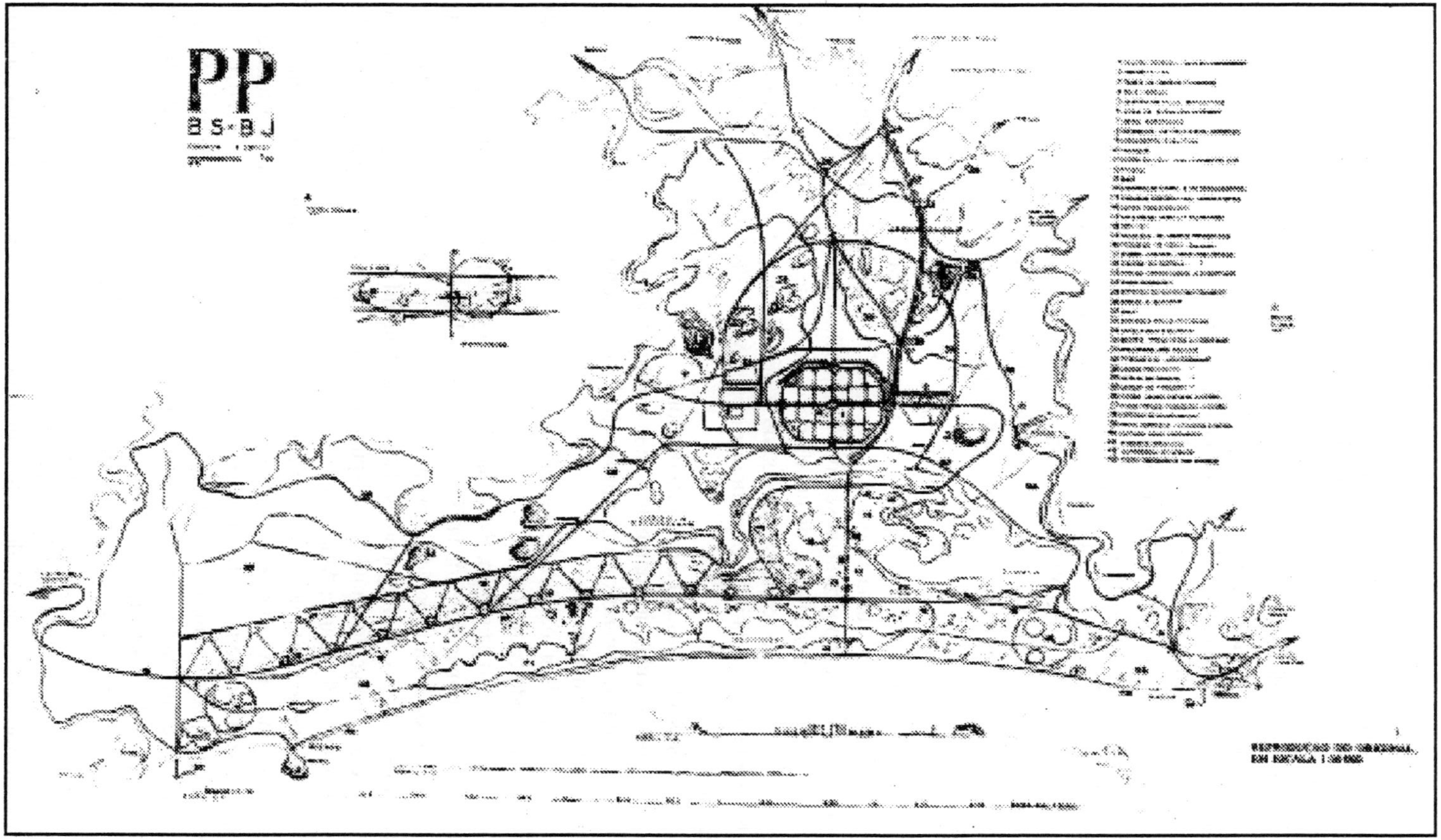

Reprodução do original da planta da Barra da Tijuca, conforme proposta de Lúcio Costa – 1969.

PLANO-PILOTO PARA URBANIZAÇÃO DA BAIXADA COMPREENDIDA ENTRE A BARRA DA TIJUCA, O PONTAL DE SERNAMBETIBA E JACAREPAGUÁ

"O problema do aproveitamento da enorme área que se estende dos Campos e do pontal de Sernambetiba até a Barra da Tijuca, abrangendo em profundidade a vasta Baixada de Jacarepaguá, não é de fácil equacionamento.

Bloqueada pelos maciços da Tijuca e da Pedra Branca, que lhe dificultam o acesso, preservou-se *in natura* enquanto a cidade derramava-se como um líquido pela Zona Norte e se comprimia contida entre os vales e as praias da Zona Sul. À medida, porém, que se tornava acessível, foi pouco a pouco perdendo as características originais e muito do ar agreste que, não obstante, ainda é o seu maior encanto. E agora a decisiva ação do DER, criando-lhe via livre de acesso graças a um sistema conjugado de túneis e viadutos a meia encosta, expõe a região a uma ocupação imobiliária indiscriminada e predatória.

Vê-se pois o Governo do Estado, portanto, a SURSAN e o próprio DER diante de uma série de indagações: Qual o destino dessa imensa área triangular que se estende das montanhas ao mar numa frente de vinte quilômetros de praias e dunas e que, conquanto próxima, a topografia preservou? Em que medida antecipar, intervir? Como proceder? E, conseqüentemente, diante da necessidade de estabelecer determinados critérios de urbanização, capazes de motivar e orientar as providências cabíveis no sentido da implantação da infra-estrutura indispensável ao desenvolvimento ordenado da região?

Daí a presente consulta a este plano-piloto.

Mas, para perceber devidamente o vulto e alcance do problema, será conveniente, antes de mais nada, encarar o futuro provável dessa área no quadro geral de destino urbanístico da Guanabara.

E como a melhor maneira de prever é olhar para trás, recorde-se aqui, em poucas palavras, como tudo começou...

Primeiro, era só paisagem. Estranha e bela paisagem marcada por três penhascos inconfundíveis: do mar, a Pedra da Gávea, na barra o Pão de Açúcar, o Corcovado na enseada. Foi nesse cenário paradisíaco que surgiram de repente, como Vênus das ondas, os primeiros cariocas, os huguenotes da Nicolau Durand de Villegagnon. Do outro lado do oceano, longe do mundo, as disputas doutrinárias recomeçaram e, na solidão estrelada, o sonho da França Antártica esvaneceu.

O português então tomou pé, e os religiosos, abnegados e atuantes, logo se instalam nas quatro colinas que vão balizar o primitivo quadrilátero urbano: a do Castelo, com os jesuítas, a de São Bento, a franciscana, de Santo Antônio, e a da Conceição. Com o desenvolvimento da colônia a área urbanizada espraia-se na direção dos campos, Rocio, Sant'Ana; do Caju, do Catete; a água da Serra da Carioca é trazida no lombo dos Arcos; galga-se a encosta de Santa Tereza, ergue-se no outeiro a Glória que está lá. E a expansão prossegue com a vinda da corte e a instalação do Império – São Cristóvão, Botafogo; penetram-se os vales, Laranjeiras, Tijuca e vai-se além, até à Lagoa e aos postos avançados de Jacarepaguá e Santa Cruz. Esse longo período, quando – apesar de sensíveis mudanças – a cidade evolui como um todo harmônico e organicamente definido, constitui, do ponto de vista urbanístico, a sua primeira fase. O advento da República acentua a expansão suburbana iniciada no Império; o centro se renova com grandes obras, e a abertura dos túneis provoca a ocupação maciça da orla de praias então agrestes e saturadas de maresia como a própria Barra. Rompe-se assim a primitiva unidade e a cidade fica dividida em duas porções desiguais: a metade sul, concentrada e densa, e a metade norte espraiada e difusa mas se adensando em determinados setores: dois pólos principais, até certo ponto autônomos, se constituem – Copacabana e Tijuca. Esta divisão que caracterizou a vida da cidade no transcurso do presente século marca-lhe a segunda fase.

A criação, agora, da via-livre de acesso à Barra da Tijuca e à Baixada de Jacarepaguá, articulada às vias de comunicação existentes – Realengo, o importante eixo Madureira-Penha, Grajaú, Tijuca –, conduzirá ao início da terceira fase, porque, o processo normal de urbanização tomando corpo, o círculo norte-sul se fechará e a perdida unidade será restabelecida. Desta constatação resulta que deverá fatalmente surgir na baixada um novo foco metropolitano Norte-Sul, beneficiado pelo espaço, pelo acesso às áreas industriais, pelas disponibilidades de mão-de-obra e por amplas áreas contíguas para residências e recreio, e que não será apenas um novo centro relativamente autônomo à maneira de Copacabana e Tijuca, mas, como se verá adiante, novo pólo estadual de convergência e irradiação.

Neste ponto, quando o retrospecto histórico cede o passo à intuição premonitória, convirá examinar o que os planos existentes estabelecem quanto à expansão para oeste.

O plano Agache, primeira abordagem urbanística consistente e o conjunto, depois das grandes obras do extraordinário Pereira Passos, concentrou-se principalmente na ordenação acadêmica das áreas então existentes ou recuperáveis. Apenas no estudo esquemático dos transportes rápidos já prevê a ligação com Sepetiba e Santa Cruz através da Baixada de Jacarepaguá.

O Plano-diretor Doxiadis-Associados – valiosa compilação e coordenação de dados visando ao estabelecimento de um arcabouço de infra-estrutura capaz de permitir o crescimento harmônico da cidade –, plano elaborado com a cooperação de técnicos locais, dá a devida ênfase à dupla penetração no sentido da base industrial e portuária de Sepetiba e reconhece a fatalidade da criação de um novo pólo CBD (Central Business District) para contrabalançar o CBD original, isto é, o atual centro da cidade, mas propõe a sua localização em algum ponto ao longo desse eixo, de preferência na altura de Santa Cruz. É que na ânsia de atapetar o Estado de fora a fora para o Ano 2000, ou seja, para amanhã, com uma trama esquemática uniformemente urbanizada, talvez subestimassem a carga propulsora representada pela BR-101, escapando-lhe então que – sem embargo do acerto da previsão de um centro complementar em Santa Cruz, vinculado à área industrial e portuária de Sepetiba – a Baixada de Jacarepaguá é o ponto natural de confluência dos dois eixos leste-oeste, o do norte, rodoferroviário, e o rodoviário do sul, através das brechas existentes entre as serras do Engenho Velho, dos Pretos Forros e o tampão do Valqueire, e que portanto é aí que o novo CBD deverá surgir.

Verifica-se assim que essa planície central providencialmente preservada, além de possibilitar novamente a união das metades Norte e Sul da cidade, separadas quando a unidade urbana original se rompeu, está igualmente em posição de articular-se, por esses dois eixos paralelos, àquela área destinada à indústria pesada, no extremo Oeste do Estado, com foco natural em Santa Cruz, o que lhe confere então condições para ser já não apenas o futuro Centro Metropolitano Norte-Sul, assinalado anteriormente, mas também Leste-Oeste, ou seja, com o correr do tempo, o verdadeiro coração da Guanabara.

O problema, portanto, ultrapassa os limites iniciais em que foi posto, pois o que importa aqui não é tão-somente dar solução urbanística adequada a um programa de caráter recreativo, residencial e turístico, como talvez se imagine. O que está concomitante e verdadeiramente em jogo é a própria estruturação urbana da Cidade-Estado. E constata-se então, paradoxalmente, que a contribuição básica deste plano-piloto é precisamente esta, que aflora antes mesmo de ser abordado o conteúdo específico e limitado do proposto.

É que são dois problemas distintos, e de escalas diferentes, que se entrosam.

Estabelecida esta preliminar que decompõe e hierarquiza o problema, considere-se inicialmente a questão posta nos seus termos "menores", ou seja, a urbanização da área imensa que se limita ao Sul numa orla de praia ligeiramente arqueada, contida a Leste pelas pedras do Focinho e da Gávea, e a Oeste pelos morros do Rangel, do Caeté e Boavista, e dividida pelo Pontal em dois segmentos desiguais, área que se espraia plana até o sopé dos maciços da Pedra Branca e da Tijuca, aconchegando-se a eles no caprichoso contorno e formando dois grandes bolsões retalhados por numerosos canais e extensas lagoas: os Campos de Sernambetiba e a Baixada propriamente dita, limitada ao norte por Jacarepaguá.

A Reserva biológica aspirava à preservação de toda essa área como parque nacional. E de fato, o que atraía irresistivelmente ali, e ainda agora, até certo ponto, atrai, é o ar lavado e agreste; o tamanho – as praias e dunas parecem não ter fim; e aquela sensação inusitada de estar num mundo intocado, primevo.

Assim o primeiro impulso, instintivo, há de ser sempre o de impedir que se faça lá o que seja for. Mas, por outro lado, parece evidente que um espaço de tais proporções e tão acessível não poderia continuar indefinidamente imune, teria mesmo de ser, mais cedo ou mais tarde, urbanizado. A sua intensa ocupação é, já agora, irreversível.

A primeira dificuldade que se apresenta, portanto, ao urbanista, é esta contradição fundamental. A ocupação da área nos moldes atuais, com bairros que constituíssem no seu conjunto praticamente uma nova cidade, implicaria na destruição sem remédio de tudo aquilo que a caracteriza. O problema consiste então em encontrar a fórmula que permita conciliar a urbanização na escala que se impõe, com a salvaguarda, embora parcial, dessas peculiaridades que importa preservar.

O planejamento anteriormente aprovado para a região previa arruamentos paralelos em toda a extensão da baixada, com exclusão de ampla faixa correspondente à área ocupada pelas lagoas geminadas de Jacarepaguá, ou Camorim, e Tijuca, preservada como parque. Portanto a tendência natural seria edificar ao longo de todas essas vias a começar pela própria BR-101 (via nº 3). Impõe-se, pois, como primeiro passo revogar em parte esse Plano de Diretrizes de Vias Arteriais em favor da adoção do partido urbanístico de se criarem, além daquele futuro grande centro metropolitano NS-LO, dois outros centros urbanos principais, um na Barra, além do Jardim Oceânico, outro em Sernambetiba, contíguo ao Recreio, e numerosos núcleos urbanizados ao longo da BR-101, afastados cerca de um quilômetro entre si. Do lado da terra esses núcleos, de urbanização diversa e autônoma, projetados e pormenorizados sob a responsabilidade pessoal de arquitetos independentes de firma construtora ou imobiliária, seriam constituídos por um conjunto de edifícios de oito ou dez pavimentos, de profundidade limitada a dois apartamentos apenas, a fim de se evitarem massas edificadas desmedidas dispondo igualmente cada conjunto de certos blocos econômicos de quatro apartamentos por piso, com duplo acesso, três pavimentos e pilotis.

Articulado aos edifícios residenciais deverá haver um sistema térreo autônomo de lojas e toda sorte de utilidades, com passeio coberto de seguimento contínuo, como nas ruas tradicionais, embora quebrado por sucessivas mudanças de rumo, criando-se assim pátios, pracinhas e áreas de recreio para crianças, tudo com o objetivo de propiciar a confluência em vez da dispersão. Estes núcleos urbanizados, serão ligados diagonalmente a uma via paralela à BR, ao longo do canal Cortado, devidamente alargado e com margens arborizadas, prosseguindo pista até cerca de 1 km da Via 11. Nos pontos de articulação poderão se prever conjuntos baixos de edificações, para fins específicos de utilidade pública ou privada.

Na larga faixa entrecortada de oblíquas, contida entre essas vias paralelas, haverá uma trama sinuosa de alamedas de parque para acesso aos lotes residenciais de tamanho variado, mas com taxa de ocupação, que seria da ordem de 10% para dois pavimento, acrescidos da utilização parcial dos pilotis e a metade da cobertura, admitindo-se ainda livremente os alpendrados abertos ou semi-abertos, taxa que comportaria variações como por exemplo, nos casos de construção térrea ou de único piso sobre pilotis, quando a área de ocupação seria dobrada, havendo sempre a possibilidade de aproveitamento parcial do térreo e da cobertura, na base de um terço e do acréscimo de alpendrados e latadas. As casas poderão ter áreas e pátios murados dispostos de forma regular ou livre, mas que não tenham muros nas divisas nem nos alinhamentos, apenas cerca viva com aramado, portões e eventual pavilhão de caseiro, pois assim, apesar da ocupação o verde prevalecerá. Os moradores terão acesso ao comércio dos núcleos onde estarão as escolas primárias, ficando as secundárias possivelmente articuladas contíguas ao canal. Cinemas e outras comodidades serão igualmente localizados de acordo com a conveniência dos interessados e usuários na vizinhança desses núcleos e deverá tirar partido das diferenças de nível que possam ocorrer na estrada para o terreno. Quando a BR for desdobrada, travessias de nível inferior deverão ser estabelecidas para comunicação de veículos e pedestres com a banda oposta.

Nesta faixa de dunas entre a via e a lagoa de Marapendi, os núcleos não estariam uniformemente alinhados em relação à estrada, o afastamento entre eles seria igualmente da ordem de um quilômetro, e as edificações, em número limitado, seriam exclusivamente torres com altura correspondente a cerca de quatro vezes a maior dimensão da planta baixa, para unidades de 25 a 30 pisos. Estes núcleos disporiam também de comércio térreo, ou em nível inferior, com as demais amenidades e facilidades requeridas e teriam, da mesma forma que os núcleos do lado norte, arquiteto autônomo responsável. Nos largos vazios arejados circundantes seriam permitidos unicamente agrupamentos espaçados, e de afastamento desigual em relação à BR, compostos de um certo número de lotes circulares de 40 a 100 metros de diâmetro, ou mais, destinados a mansões ou casas menores, sempre com ocupação limitada a 10% e nas mesmas condições referidas anteriormente, acrescidas, porém, da restrição do plantio cingir-se à vegetação local ou a espécies nativas de regiões de certo modo equivalentes. Esses conjuntos estariam ligados à estrada e aos núcleos de torres por meio de simples caminhos entre as dunas. Igual critério seria aplicado na faixa mais estreita compreendida entre a BR e a lagoa da Tijuca, onde, a partir da ponte, seria permitida a construção de casas e clubes em grandes áreas e, ainda, talvez, um centro de comércio de gabarito baixo.

Esses conjuntos de torres, muito afastados, além de favorecerem os moradores com o desafogo e a vista, teriam o dom de balizar e dar ritmo espacial à paisagem, compensando ainda, por outro lado, o uso, rarefeito do chão mantido agreste.

Providência importante e urgente, do ponto de vista paisagístico, nesta área, é a delimitação de largo espaço em torno da pedra de Itaúna a fim de preservá-la íntegra e devidamente ambientada.

Quanto à faixa propriamente litorânea entre a praia e o canal de Marapendi – que se reduz em longos trechos a uma nesga apenas –, excluídas as áreas maiores, já ocupadas, e aquelas destinadas aos dois centros anteriormente referidos da Barra e Sernambetiba e a um provável núcleo de poucas torres no alargamento onde desemboca a Via 11, deverá ser conservada no estado, salvo, excepcionalmente, alguma construção de caráter muito especial para a conveniência do público freqüentador da região.

As áreas extremas já definidas e parcialmente arruadas, inclusive aquelas onde se instalaram clubes e condomínios horizontais (as coberturas não devem ser pintadas de vermelho, e sim de branco ou verde-escuro) e que muito contribue para a animação local, embora mantidos, deverão sofrer determinadas restrições. A Lagoinha, no Recreio terá de ser recuperada; os antigos loteamentos urbanos cerrados precisam abrir clareiras, de área equivalente a cem metros por cem, densamente arborizados e com características de bosque e não de praça, na razão de uma para cada 16 hectares, e o gabarito geral será reduzido para dois andares, além dos pilotis e do aproveitamento parcial da cobertura. Apenas na orla litorânea essa disciplina poderá ser quebrada para permitir a eventual construção de hotéis. Quanto às construções existentes nos loteamentos do Tijucamar, Jardim Oceânico, Recreio dos Bandeirantes, etc., já que o terreno é arenoso, deverão ser compulsoriamente envolvidas de amendoeiras com proibição taxativa de qualquer poda. Com o tempo, todos se beneficiarão porque enriquecidas com o plantio, por iniciativa própria dos moradores, de cajueiros e coqueiros; essas grandes áreas densamente sombreadas e verdes se converterão em oásis acolhedores e contribuirão para a composição paisagística do conjunto.

A mesma providência deverá ser tomada, e com a maior urgência,. na chamada "Cidade de Deus" ao norte da área geral a ser urbanizada.

Quanto à interferência da BR-101, que passará aos fundos da igreja em construção, com o sistema rodoviário local, bastará elevá-la sobre aterro com arrimo e duas passagens para manter a mão e contramão existentes sobre o canal, criando-se, em seguida, nova pista em direção à ponte, ficando a pista externa atual para receber o tráfego do bairro.

Estabelecido assim o critério geral de urbanização a prevalecer, de uma banda e de outra, ao longo da BR-101, trate-se agora de precisar a delimitação e o conteúdo dos centros previstos para os extremos desse extenso eixo de cerca de 18 quilômetros.

Para o Centro de Barra já existe um projeto do arquiteto Oscar Niemeyer, concepção que contribuiu decisivamente para adoção aqui, na faixa das dunas, do partido que transformará a praia da Barra na futura praia das Torres. Contudo esse projeto não poderá ser executado integralmente na forma proposta, porquanto iria criar uma barreira edificada bloqueando ostensivamente o acesso à baixada. Impõe-se a decomposição dele em dois conjuntos com largos espaços de permeio, um de cada lado do canal.

Da mesma forma o centro de Sernambetiba que se deverá compor de duas partes, a primeira entre o canal da Taxas e a praia, apesar da turfa, a segunda, constituída, possivelmente, não mais de torres mas de edifícios de gabarito equivalente ao dos demais núcleos, entre o mesmo canal e a BR-101.

Estes centros não serão integrados apenas por apartamentos, mas por escritórios, comércio, atividades culturais e diversões, recomendando-se de um modo geral, para as torres, parâmetros de fachada estriados verticalmente, ou seja, dentados em planta, a fim de permitir a abertura de vãos em várias direções e assim dosar os cheios e vazios conforme as conveniências de orientação, inclusive possibilitando, no caso de apartamentos, a criação de varandas privativas entaladas, ou parcialmente sacadas.

Resta agora considerar o problema do isolamento da praia, cujo acesso é barrado pelos dez quilômetros da lagoa de Marapendi e pelo canal na parte restante, repetido-se portanto, como uma segunda linha defensiva, o bloqueio da BR-101. Tal como ali, onde as passagens de nível inferior se impõem na interligação dos núcleos urbanizados, também aqui, apesar das restrições da Reserva Biológica, que em boa hora chamou a si a proteção de grande parte da lagoa e de um segmento da praia, torna-se indispensável a criação de, pelo menos, duas pontes-passarelas nos seus trechos mais estreitos e em três pontos do canal, a fim de garantir-se um mínimo de articulação viária.

Esse problema das lagoas e dos canais é fundamental para a valorização da faixa central da baixada, mas é tarefa para ser considerada em conjunto com os especialistas, tanto no que diz respeito à dragagem parcial, como às eventuais ligações com o mar e navegabilidade. Entre a preservação do estado, preconizada pela Reserva Biológica, e a medida extrema de transformá-la em rios rebaixados, importa encontrar os meios de torná-las acessíveis à vista e ao recreio graças à abertura de caminhos carroçáveis e discretos, ora afastados, para manter a orla da lagoa ao natural, ora beirando-lhes as margens.

Indicada essa larga faixa como parque no plano inicial do antigo Departamento de Urbanismo, e assim mantida nos planos subseqüentes, não cabe aqui nenhuma restrição a tão louvável critério. Parcialmente ocupada pela Aeronáutica e, numa área restrita, pelo próprio distrito local do DER, seria de toda conveniência tratar o amplo espaço livre restante como um bosque rústico, não só por se tratar de uma área muito grande para ser mantida como "parque", como porque assim se integrará melhor ao ambiente e servirá de benfazejo contraste para recreio e distenção da população adensada do futuro grande Centro Metropolitano NS-LO que lhe ficará contíguo. Tanto mais que há o propósito de localizar na parte fronteira, ao longo da Via 11, a Expo-72, planejada com a previsão de aproveitamento parcial das estruturas e do equipamento, condicionalmente doados, para instalação ali de universidade vinculada ao novo Secretariado de Ciência e Tecnologia. Este setor, aliás, comportará outras instituições de caráter científico-cultural.

O destino das áreas laterais à várzea onde se localizará o referido Centro Metropolitano só poderá ser conscienciosamente definido na segunda etapa prevista para a elaboração do presente plano-piloto. É que, se ao longo do eixo longitudinal da BR-101, o partido urbanístico comportava o estabelecimento de critérios de ocupação capazes de permitir, *a priori*, uma definição esquemática das áreas, numa técnica, por assim dizer, de "meia confecção" – os espaços que se estendem à esquerda e à direita do eixo transversal da baixada, de um lado até a estrada de Jacarepaguá, e do outro à dos Bandeirantes, estão a exigir implantação urbanística capaz de perfeito ajustamento às peculiaridades locais, ou seja, "sob medida". As belas várzeas contidas entre a Pedra da Panela e os morros da Muzema e do Pinheiro, ou entre os Dois Irmãos e a da Pedra Negra, assim como a ampla área que vai do rio Marinho ao rio Caçambe e aquela compreendida entre os morros Portela e Amorim, embora comportem ocupação residencial, deveriam ser, de preferência, consideradas para finalidades que requeiram espaços abertos e ambientação. Alem do Autódromo, que já criou raízes, é preciso, por exemplo, reservar lugar para localização futura de um novo Estádio, de um novo Prado, de uma nova Hípica, de novos campos de golfe, e para instalação dos clubes esportivos que fatalmente surgirão. E, nesse mesmo sentido recreativo, deve-se igualmente prever a possibilidade de dois ancoradouros, um na própria Barra, protegido pelo morro da Joatinga, outro no extremo oposto, na embocadura do canal de Sernambetiba, quebra-mar que servirá também para resguardá-lo do assoreamento, reservando-se ainda, ali, o recôncavo do Rangel para adeptos desse novo devaneio que consiste em acampar.

Quanto às áreas situadas ao norte do futuro Centro Metropolitano, acima do caminho, chamado da Caieira e contíguas a Jacarepaguá – que deverá ser mantida com sua personalidade própria –, áreas compreendidas entre a Colônia Juliano Moreira e as estradas do Capão e Engenho d'Água, poderão ser consideradas zona industrial, não só porque acessíveis aos subúrbios e à trama rodoviária do bojo do Estado, como porque já comportam sólido lastro proletário. Ao passo que as vargens Grande e Pequena e os belos campos de Sernambetiba devem ser incentivados como áreas de cultura, com sítios, granjas e chácaras.

Antes das considerações finais relacionadas com a implantação do Centro Metropolitano Norte-Sul/Leste-Oeste e do Centro Cívico, que farão desta baixada, de certo modo, a futura capital do Estado, e daquelas referentes à esquematização viária, importa abordar as implicações de ordem turística que a urbanização trará. Acertadamente a CEPE 4 considera que, com os grandes hotéis já planejados para a praia da Gávea, o turismo na Barra, pelo menos nesta primeira fase de "colonização", deverá ser principalmente interno. Seja como for, adotado o critério "nuclear" de urbanização e uma vez fixadas as áreas onde é possível construir e o respectivo gabarito, a atividade turística terá livre campo de escolha e poderá instalar-se onde lhe aprouver para atender aos caprichos mutáveis da clientela. Ao plano-piloto cabe apenas dizer onde não o poderá se fazer, ou seja, em toda a extensão litorânea fronteira, ou vizinha, à lagoa de Sernambetiba, salvo no entroncamento com a Via 11. Os hotéis deverão pois concentrar-se nos dois extremos, isto é, nos terrenos à beira-mar dos bairros já definidos e dos centros previstos, e dispor de área de estacionamento. Aliás a Litorânea não se deve transformar em avenida de mão dupla, com canteiro central e retorno; deve, pelo contrário, ser mantida rústica para integrar-se no ambiente agreste que importa preservar, e o estacionamento precisa continuar livre na forma atual, com áreas complementares em cota inferior onde o desnível o permitir sem maior dano. Outro ponto de capital importância é proibir – não só aqui, mas em toda área urbanizada – posteamento para redes aéreas, mesmo a título precário. Todas as instalações deverão ser subterrâneas como em qualquer cidade que se preze.

Atendendo esta feição interna do turismo inicial, prevê ainda a CEPE 4 a criação de uma Feira Permanente dos Estados que se poderia talvez localizar, com vantagem, na parte não ocupada da península do Autódromo, e compor-se de uma seqüência da hemiciclos murados, de diâmetro e altura variáveis, caiados de branco e dispostos de acordo com a posição relativa que os Estados ocupem no pais. O âmbito desses recintos poderá ser aberto, com alpendrados e pavilhões, ou integralmente coberto, garantindo-se assim a unidade do conjunto sem prejuízo da variedade que, no caso, se impõe.

Com esse mesmo propósito de harmonia, será conveniente que, na área a ser urbanizada, os projetos sejam submetidos a uma comissão especial de aferição arquitetônica, com possibilidade de recurso ao IAB. Por outro lado, como são muitos os loteamentos aprovados, o desenvolvimento deste plano-piloto acarretará outros reloteamentos de acordo com os novos critérios urbanísticos adotados. Considerando-se, porém, que na maioria dos casos tais áreas foram adquiridas por ínfimo preço, os alegados prejuízos serão relativos, pois não corresponderão ao valor efetivo do investimento senão à limitação dos lucros pretendidos nas futuras transações.

Nesta mesma ordem de idéias, impõe-se a desapropriação da área de cerca de 4 km² onde se prevê a implantação do novo Centro Metropolitano, de cuja fixação, como foco de convergência e irradiação no conjunto dos núcleos autônomos, adotado como partido geral para urbanização da Baixada, como resulta um sistema viário aberto e esgarçado que deverá ser considerado, juntamente com os demais problemas fundamentais (serviços públicos, abastecimento, saúde, educação, etc.) na segunda etapa prevista para a elaboração deste plano, já então a cargo do grupo de trabalho constituído por elementos dos vários Departamentos interessados, sob a chefia de um urbanista do Estado, assessorado pelo autor.

Como que a se antecipar à tarefa, o DER, numa feliz intuição, de sentido urbanístico, fez desviar a Via 11 ao longo do canal, evitando desse modo que, no encontro, de topo, com a bela planície abraçada pelos arroios Fundo e Pavuna, no coração da baixada, o prosseguimento do seu eixo a cortasse.

Preservou-se assim esta área predestinada à urbanização.

É evidente que a ocupação dela não será para tão cedo. Na vida das cidades as dezenas são frações, a unidade é a centena, ou sua metade. Durante muito tempo ainda, deixe-se esta várzea tal como está, com gado solto, pastando. E só quando a urbanização da parte restante, da Barra a Sernambetiba, se adensar; quando a infra-estrutura, organizada nas bases civilizadas e generosas que se impõem, existir, e a força-viva da expansão se impuser – aí então sim, terá chegado o momento de implantar o novo centro que, parceladamente embora, já deverá nascer na sua escala definitiva.

Como a função do urbanista é ver com antecipação, veja-se então o que esta campina comporta. Nela se inscreve um octógno alongado que se articula às vias 5 e 11. Estas duas articulações comandam os dois eixos ortogonais, o maior, Leste-Oeste, paralelo à praia, e o menor na direção de Jacarepaguá e das zonas Norte e Sul, dividindo-se assim a área em 4 partes, ou quadrantes que, por sua vez, se podem subdividir em quarteirões compostos de 4 lóbulos cada um.

Desse esquema geométrico resulta a necessidade de uma ampla via de contorno da qual se desprenderiam sucessivamente vias de acesso aos quadrantes, que, por sua vez, os contornariam em sentido único, articuladas aos eixos de mão dupla, repetindo-se o movimento em escala menor nos quarteirões e finalmente nos lóbulos, para o acesso direto aos núcleos de edificação, comportando o sistema, em princípio, três níveis: o nível do terreno para o tráfego, os acessos e estacionamento parcial; o do primeiro subsolo para parqueamento de serviços; e o das plataformas interligadas por passarelas, para uso exclusivo dos pedestres, com terraços de estar e cafés, latadas, canteiros, etc.. Os segundo e terceiro subsolos, na eventualidade de os haver, seriam privativos das edificações, excluída a parte reservada à estação final do futuro ramal do metropolitano, com parada em Jacarepaguá (Pechincha) e articulação com o Méier pelo túnel da Covanca, e entroncamento em Madureira e, daí, ao Maracanã, à Central, ao largo da Carioca e à Gloria.

Os quarteirões centrais teriam gabarito mais alto, cerca de duzentos metros, correspondendo assim a setenta andares e à cota de Pedra da Panela (196 m); os demais, de quarenta e cinqüenta pisos, e o conjunto, além do "metrô", estaria igualmente ligado por monotrilho com a Cidade Universitária e o Galeão, através da Cândido Benício e do eixo Madureira-Penha; enquanto a BR-101, integrada do anel rodoviário que o DER executa, levará à Lagoa e, sempre em via-livre, através do Túnel Rebouças, à Presidente Vargas, ao Cais do Porto e Ponta do Caju.

Mas, como já se acentuou é preciso dar tempo ao tempo, e não antecipar a ocupação da área. A princípio poderia parecer conveniente a implantação prévia do sistema viário preconizado para o local, a fim de assim garantir-lhe o futuro já nos moldes concebidos. Este método teria o risco de provocar uma primeira e segunda fases de construções certamente impróprias e numa escala indevida, o que só serviria para aviltar e cer (**sic**) a área, dificultando-lhe a ocupação quando a maturidade urbana impusesse. Ao passo que a manutenção da campina verde com ar bucólico atual infunde respeito e dignidade à paisagem.

O prolongamento do eixo maior na direção Oeste definiria um setor considerado próprio à expansão urbana, e para leste alcançaria a área destinada ao futuro Centro Cívico que o Estado ainda reclama. Trata-se de planície marcada pela presença insólita desse monumento natural que o Patrimônio Estadual, numa antecipação simbólica, recentemente tombou – a "Pedra da Panela".

Para melhor delimitação da área, seria desde já criado ao longo desse eixo, na divisa do bairro Gardênia Azul, uma densa cortina verde de árvore de crescimento livre, de preferência "ficus-benjamina", e as construções, de partido arquitetônico horizontal, seriam dispostas sobre plataformas e espelhos d'água ligeiramente escalonados, conjunto dominado pelo edifício-torre de altura monumental. Deve ser previsto acesso independente a esse "Paço da Panela" – como seria chamado noutros tempos – ao longo do canal do Anil, e todo ângulo visual compreendido entre esse canal, a Via 11 e a Pedra, deverá ser preservado no seu estado agreste natural, sem qualquer "benefício" a fim de garantir ambientação autêntica ao monumento tombado, e de fazer contraste ao apuro arquitetônico do Centro Cívico.

Esse problema paisagístico da Baixada é fundamental devendo a tarefa caber, por todos os títulos, a Roberto Burle Marx, senhor de Guaratiba. E a primeira impugnação que ele certamente fará, há de ser a esta sugestão, um tanto contraditória, referente à arborização da Via '11 no trecho reto compreendido entre a BR-101 e o futuro Centro: a importância dessa via nobre, cujas margens deverão levar aterro apropriado, só comporta uma espécie de vegetação – a palmeira imperial. Dirão que ela não vingará, que destoa das dunas e contradiz o que anteriormente se estipula. Pouco importa, deve-se preparar o terreno e plantar. Elas estarão em harmonia com a futura ambientação arquitetônica. E como a extensão é grande, o plantio deverá obedecer um critério de marcada diferenciação quanto à densidade e à cadência. Inicialmente, vários renques deverão ser dispostos, em profundidade, de ambos os lados da estrada; no trecho seguinte, depois de um intervalo vazio, duas filas apenas em cada margem; novo intervalo e haveria de cada lado um renque só; em seguida far-se-ia como na baixada do Ródano, no Valais, com os *peupliers*; fileiras solitárias beirando a estrada, ora de um lado, ora do outro, e, depois de algum tempo desse jogo alternado, o ritmo ascendente das filas marginais, conjugadas seria retomado, primeiro repetidamente singelas e, finalmente, duplas, no último tramo antes do canal do Camorim, onde começa propriamente a área urbana.

De volta, assim, ao chão do futuro Centro da cidade, encerra-se esta *randonnée* urbanística imaginária. Tal como no primeiro século, quando nasceu, com Villegagnon, na Guanabara, também, a presença da França, se fez sentir, pois foi provavelmente na praia de Sernambetiba, protegida pelo Ponta, que Duclerc desembarcou a sua tropa, e não em Guaratiba, onde ancorou, porque dispondo de uma praia acessível e resguardada, não teria o menor cabimento, já que o propósito era alcançar a cidade, desembarcar do outro lado da serra.

Seja como for, é comovente a lembrança, nesta oportunidade, quando se cogita de urbanizar a região, daquelas centenas de soldados de Luiz XIV, de botas e tricórnio, a embrenhar-se terra a dentro em busca dos vales, ou a bordejar as fraldas da montanha, para evitar as lagoas e os canais, seguindo então a trilha que seria depois a estrada de Guaratiba, atual Bandeirantes, e passando ao largo deste descampado dia afinal surgirá, definitiva, a Metrópole.

LÚCIO COSTA"

*

* *

O Plano, como Lúcio Costa, em entrevista à *Folha de S. Paulo*, em 1995, enfatizou, não seria uma camisa-de-força para dificultar a ocupação da Barra. Previa ele, desde aquele longínquo 1969, que as pressões seriam fortes e que muito daquilo que estabelecia como parâmetros, seria alterado. O que, de fato, ocorreu, mas, ainda assim, ele reconhece que "A Barra está se desenvolvendo com características mais generosas que o resto da cidade", com suas peculiaridades e sem a formação daquela muralha de edificações altas no litoral, como Copacabana, Ipanema e Leblon.

Entre o que pretendia o Plano e a realidade, é preciso, sem objetivo crítico, ficar com o bom senso. Tentar estabelecer, por exemplo, que, entre cada um dos grupos de edificações, a distância fosse de um quilômetro a um quilômetro e meio de áreas verdes, era quimérico.

De toda maneira, a decisão de Negrão de Lima possibilitou a aceleração da ocupação mais ordenada daquela grande região que, du-

Construção da Rio-Santos (Avenida das Américas), com uma das Torres da Athaydeville já praticamente concluída. (Foto da coleção co Correio da Manhã */ Arquivo Nacional) – 1972.*

Avenida das Américas, ainda chamada Rio-Santos (Foto da coleção do Correio da Manhã */ Arquivo Nacional) – 1972.*

Construção da Via 11, atual avenida Ayrton Senna.
(Foto da coleção do Correio da Manhã */ Arquivo Nacional) – 1972.*

Pontilhão de madeira sobre a lagoa de Camorim da Via 11.
(Foto da coleção do Correio da Manhã */ Arquivo Nacional) – 1970.*

rante quase quatrocentos anos, permaneceu à margem da Cidade, tornando possível unir as tradicionais zonas da Cidade, dando-lhe uma conformação radial, sem esquecer de ligá-la a Jacarepaguá, pela antiga Via 11, à qual deu o nome de avenida Alvorada, hoje Ayrton Senna, com a construção do Viaduto Santos Dumont, sobre a lagoa de Camorim, facilitando o acesso à Freguesia, feito até então por um improvisado e frágil pontilhão de madeira, que só permitia a passagem de um veículo de cada vez.

Este pontilhão era um dos gargalos que dificultavam o acesso à Barra, sobretudo na época de verão, quando o fluxo para a praia já era muito intenso, provocando constantes engarrafamentos, que transformavam o lazer em tormento para os usuários das praias.

Com a melhoria dos acessos, aumentou a freqüência à Barra da Tijuca, sobretudo para os moradores da Zona Norte da Cidade, que a atingiam pelas Vias 9 e 11, viabilizando a criação de vários clubes, como o Fazenda Clube Marapendi, o Clube Canaveral, ambos na Rio-Santos, e outros, na avenida Sernambetiba, o Riviera Country Clube, o Nevada Praia Clube, o Vivendas Clube da Barra, o Oásis Clube do Rio de Janeiro, o Week End, o Edifício Fanny e o Country Clube de Caça e Pesca. Hoje, alguns deles transformaram-se em condomínios residenciais.

Obras iniciais para construção do cruzamento entre as atuais avenidas das Américas e Ayrton Senna. (Foto da coleção do Correio da Manhã */ Arquivo Nacional) – 1969.*

Na mesma ocasião, estabeleceram-se na Barra os *campings*. A princípio para serem utilizados nos finais de semana e em períodos de férias. Mas, como sempre acontece entre nós, houve um desvirtuamento da proposta inicial e, hoje, os três *campings* são usados como local de moradia efetiva de

Aspectos da área litorânea da Barra da Tijuca,
observados a partir do mesmo ponto:
o primeiro na direção do Joá e o segundo na do Recreio.
(Foto da coleção do Correio da Manhã */ Arquivo Nacional) – 1972.*

Camping Novo Rio na Rio-Santos.
(Foto da Coleção do Correio da Manhã */ Arquivo Nacional) – 1972.*

Final da implantação da Via 11, já chegando à avenida Sernambetiba, transpondo a lagoa de Marapendi. (Arquivo da Cidade) – final da década de 60.

associados, pelo baixo custo da permanência e localização privilegiada, sobretudo, os que estão situados frente à praia – um em frente à praia da Barra e outro, no Recreio dos Bandeirantes –, ambos pertencentes ao Camping Clube do Brasil. O terceiro deles, o Camping Clube Novo Rio, está localizado no final da avenida das Américas, já no Recreio dos Bandeirantes.

Para cuidar do desenvolvimento da Barra, de acordo com as diretrizes do Plano Lúcio Costa, foi criado o Grupo de Trabalho da Baixada de Jacarepaguá, GTBJ, mais tarde, em 1974, transformado em Superintendência do Desenvolvimento da Barra da Tijuca – SUDEBAR, incumbido de preservar a pureza e o ideal do plano urbanístico, que visava compatibilizar a presença humana com as condições ambientais da grande planície, que utopicamente é símbolo de comodidade e conforto.

Outro carioca, Antonio Chagas Freitas, Governador do antigo Estado da Guanabara (1971-1975) e do novo Estado do Rio de Janeiro (1979-1983), representado pelos prefeitos, Israel Klabin (1979-1980) e Júlio de Morais Coutinho, ambos por ele nomeados, e, através do Departamento de Estradas de Rodagem-DER/RJ, da Companhia Estadual do Gás-CEG, da Companhia Estadual de Água e Esgoto – CEDAE, empreendeu obras que influíram decisivamente para o desenvolvimento da Barra, pois até então, além da precariedade das vias de acesso e da improvisada distribuição de energia elétrica, não havia água encanada e gás.

Neste período, lamentavelmente, por pressões políticas, acabou por ser extinta a SUDEBAR, que mantinha acesa a proposta inicial de Lúcio Costa.

Para não deixar um vácuo, o prefeito nomeado por Chagas Freitas, Júlio Coutinho, baixou o Decreto nº 3.046/81, que estabeleceu o zoneamento e os gabaritos para toda a região da Barra da Tijuca.

Entre 1980 e 1983, foi reformulado o sistema de circulação viário no principal cruzamento da região – avenida das Américas com avenida Ayrton Senna, então Alvorada, com a construção do Trevo das Palmeiras, com dois viadutos; inaugurou-se a Adutora da Barra, para proporcionar abundância de água a todos os empreendimentos em curso e projetados; implantada a canalização de gás; construiu-se a ponte Adalberto de Barros Alvarenga, na avenida Ayrton Senna, sobre a lagoa de Marapendi, substituindo a anterior, provisória, feita de madeira; iluminado o trecho da avenida das Américas compreendido entre o canal de Marapendi e o Condomínio Novo Leblon e implantada a nova iluminação na avenida Sernambetiba.

A obra maior do Governo Chagas Freitas, entretanto, foi a abertura definitiva e direta do sistema viário de ligação da Barra com a Lagoa, com a construção dos túneis sob os Morro Dois Irmãos e Joá; a passagem da estrada por trás da PUC, ao contrário do que previa o projeto original, que entendia como mais adequada a passagem da auto-estrada por um túnel sob o *campus* da Universidade; das pistas suspensas, junto ao mar,

1ª versão do entroncamento da Via 11 e estrada Rio-Santos.
(Autor desconhecido) – 1971.

paralelas à velha estrada do Joá, terminando, por fim, no viaduto Engenheiro Alfredo Artur Figueiredo, que transpõe o canal da Barra da Tijuca, para alcançar a avenida Armando Lombardi.

A propósito deste viaduto, que foi construído com a remoção de parte da rocha granítica do morro do Joá, sob o qual passa o último dos túneis antes de se alcançar a Barra, ficou uma curiosa reminiscência, que intriga e desperta a atenção dos mais curiosos: uma caverna na encosta da rocha, bem visível à direita de quem vai no rumo de São Conrado, com dimensões de uma garagem, fechada por um portão de ferro, no meio do mato.

A explicação dessa ocorrência, entretanto, de tão simples, talvez seja decepcionante: o local, sem nenhuma importância, foi preparado, quando das obras de construção da estrada Lagoa-Barra, para guardar com segurança a dinamite empregada na demolição da rocha. É, portanto, muito mais uma recordação do que um mistério.

Construiu, ainda no mesmo período, o novo viaduto sobre o canal de Sernambetiba, tornando mais acessível o caminho para Guaratiba e sua ligação com a estrada dos Bandeirantes.

Entre os dois Governos de Chagas Freitas, sem consulta à população dos Estados da Guanabara e do Rio de Janeiro, o Governo Federal entendeu

Construção das vias elevadas no costão do morro de Dois Irmãos. (Arquivo da Cidade) – 1972.

de fundi-los, criando o novo Estado do Rio de Janeiro e designando Governador Floriano Faria Lima, que nomeou para Prefeito Marcos Tito Tamoio da Silva (1975-1979), também carioca.

Engenheiro de larga experiência administrativa, investiu bastante no desenvolvimento da Barra, duplicando a avenida Sernambetiba e proporcionando a infra-estrutura para que os grandes condomínios precursores fossem erguidos, na década de 70: Village Oceanique, Terrazas da Barra, Nova Ipanema, Novo Leblon, Atlântico Sul, Riviera di Fiori e Barramares, que se transformaram em atrativos maiores e polarizadores da migração intensiva para a Barra. Além disso, terminou a construção do Autódromo e do Riocentro.

Canal da Joatinga, vendo-se o início da construção do viaduto. (Autor desconhecido) – 1973.

Caverna em desuso, utilizada quando da construção do viaduto., para guardar explosivos – 1997.

Construção do Autódromo da Barra (Arquivo da Cidade) – 1975.

Avenida Sernambetiba com a ciclovia e os quiosques – 1992.

Depois destes governantes, o contemporâneo Marcelo Alencar, nas duas vezes em que foi Prefeito da Cidade (1981-1983 e 1989-1992), também deu sua colaboração, com realizações que beneficiaram os moradores e todos aqueles que freqüentam a praia, o comércio e as atrações várias da região, construindo a nova ponte sobre a lagoa de Marapendi, na avenida Alvorada, que facilitou a chegada e a saída da praia, em sentido único, para ambos os lados: a Ponte Benedito Cerqueira, paralela à outra já existente.

Terminou a praça José Bernardino, transformando-a no agradável Pomar da Barra, com 18.500 metros quadrados.

Implantou, dentro do Projeto RIO-ORLA, a modernidade da ciclovia e do calçadão, junto à praia, na avenida Sernambetiba, à qual dotou de jardins centrais, dividindo as duas pistas, e de nova iluminação, além da construção do grande *pier* sobre o quebra-mar.

Na mesma gestão foi inaugurado, em 8/5/89 (Decreto nº 8.452), o Parque Ecológico Chico Mendes, com área de 400 mil metros quadrados, no Recreio dos Bandeirantes, lindeiro à Lagoinha.

O Prefeito Cesar Maia (1992-1996), seu sucessor, empreendeu obras em toda a avenida das Américas: primeiro, fazendo duplicar as antigas pistas de rolamento, do quilômetro 13 até o canal de Sernambetiba, e, depois, implantando as pistas laterais para circulação local, com a respectiva sinalização, que vão do Canal de Marapendi até a avenida Ayrton Senna, a qual, por outro lado, também foi duplicada, no trecho compreendido entre o Parque das Palmeiras e a estrada do Gabinal, na Cidade de Deus.

A Prefeitura inaugurou, ainda, uma nova via para desafogar o complicado e caótico cruzamento das avenidas da América e Ayrton Senna, com a construção de nova avenida, que começa na avenida das Américas, e passa por trás do Barrashopping, Casashopping e Makro, saindo depois do Via Parque Shopping, chamada Via Parque.

Além dessas realizações rodoviárias de grande vulto, a administração de Cesar Maia caracterizou-se por enfrentar com decisão as ocupações indevidas na região da Barra da Tijuca, sobretudo nos locais mais nobres, desvalorizados e descaracterizados por um crescente processo de favelização não reprimida.

Em alguns casos, como no Recreio dos Bandeirantes, na impossibilidade de remover a grande favela existente em local reservado, há muito tempo, para uma praça, está promovendo sua urbanização, juntamente com a de toda a área.

Cuidou, da mesma forma e com o mesmo empenho, através da XXIV Região Administrativa, do aspecto estético das principais vias, mantendo tratados os canteiros centrais das maiores avenidas e ruas, em outras épocas relegados ao capim e lixo.

Pier sobre o enrocamento no canal da Joatinga – 1992.

Parque Municipal Chico Mendes no Recreio, junto à Lagoinha – 1995.

Início das obras de duplicação da avenida Ayrton Senna – 1995.

Avenida das Américas com as pistas laterais concluídas – 1995.

Conhecidos com detalhes o desenvolvimento, a princípio muito vagaroso, da região da Barra da Tijuca, para cotejá-lo com a rapidez dos dias de hoje, sobretudo dos bairros da Barra, propriamente dita, do Recreio dos Bandeirantes e do Itanhangá, nada melhor que a leitura atenta das colunas de classificados de imóveis, nos últimos 45 anos.

Este não é um procedimento inovador: é quase um plágio daquilo que foi feito pelo jornalista e escritor mineiro Delso Renault, nos seus dois livros sobre o Rio: *O Rio Antigo nos Anúncios dos Jornais* e *O Dia-a-Dia do Rio de Janeiro Segundo os Jornais*.

A leitura dos jornais parece ser um procedimento eficaz para apreciar a evolução dos fatos, costumes e modo de vida daquela região que, de sertão carioca, chegou ao ponto atual.

Até os anos 50, tomando como fonte de pesquisa a mais tradicional e confiável fonte de informações a respeito de compra, venda e aluguel de imóveis, os Classificados do *Jornal do Brasil*, pode-se constatar que, naquela época, a Barra da Tijuca inexistia como local onde se devesse investir em imóveis.

As poucas opções eram encontradas na coluna dedicada aos "Subúrbios da Central". Isto porque a maneira mais conveniente para alcançar a Baixada de Jacarepaguá era através de trem até Cascadura e, daí, de bonde, chegar, primeiro à Taquara e, alguns quilômetros após, à Freguesia. Como a Taquara era o primeiro ponto a ser alcançado, e ali começasse a estrada dos Bandeirantes, este era o lugar que aparecia com mais freqüência nos classificados.

> *JACAREPAGUÁ – Grande oportunidade. Vende-se uma esplêndida área de esquina no quilômetro 21 da Av. Bandeirantes, com 10.700 metros quadrados, tendo 24 metros de frente, para a estrada que conduz à Igrejinha, podendo a área ser dividida em 30 lotes para residências. Com linda vista. Ótimo negócio de valorização imediata. Base: Cr$ 700.000,00, parte facilitada. Junto à mesma vende-se também outra área com 11.900 metros quadrados, por Cr$ 400.000,00, podendo ser assim anexada à área acima indicada. 23/01/54.*

Não variam muito os anúncios, nem o local. São quase sempre áreas com grandes metragens, até 1960.

> *JACAREPAGUÁ – Vendo área com 11.000 m², registrada no Ministério da Agricultura, km 28 da estrada dos Bandeirantes, terreno plano. Ótimo para granja. Preço de Cr$ 300.000,00. Parte financiada. Aceito oferta. 31/01/60.*

Na região da Barra da Tijuca, são ofertas de terrenos nos condomínios Jardim Oceânico e Tijucamar, difíceis hoje de identificar porque eram localizados por quadras numeradas e ruas designadas por letras.

Essa inexistência de publicidade caracteriza a pouca procura do local, não se podendo compará-lo com a Zona Sul, em plena fase de expansão.

A partir de 1960, com alguma freqüência, na coluna de classificados de "Gávea e Jardim Botânico", começam a aparecer anúncios de casas e terrenos na Barra da Tijuca.

> *BARRA DA TIJUCA – Vende-se ou aluga-se casa mobiliada, perto da praia. Tem cavalo para criança. 15/01/61.*

> *TERRENO NA BARRA DA TIJUCA – Vende-se ou aluga-se casa de veraneio recém-construída. 21/01/61.*

> *BARRA DA TIJUCA – Vende-se à vista, na rua Einstein, antiga Gleba "A", Vila Balneária. Terreno plano com 10x43. 21/01/61.*

Estes anúncios caracterizam a Barra como local adequado ao lazer, férias e fins de semana. Ninguém se aventuraria a uma constante ida e volta para os outros pontos da Cidade, como rotina diária.

A falta de conhecimento do local era suprida, nas ofertas imobiliárias, por referências a determinados locais um pouco mais conhecidos, como bares, restaurantes e boates, mas, sobretudo, qualificando o imóvel pela proximidade da praia.

> *BARRA DA TIJUCA – Casa apto duplex ao lado do Dina Bar, entrada 30 mil mais 14 financiado. 12/01/70.*

> *BARRA DA TIJUCA – Vendo terreno de esquina, quadra da praia, a 200 metros do Dina bar. Mede 25x35. Preço Cr$ 800.000,00. Facilitados. 3/01/60.*

> *BARRA DA TIJUCA – Vende-se terreno c/630 m², a 300 metros da Boîte Corsário por 400 mil, na rua General Lobato Filho. Aceito 100 de entrada e 300 facilitados s/juros. 26/01/60.*

Para tranqüilizar os possíveis interessados quanto à titularidade dos imóveis, eram comuns anúncios como:

> *RECREIO DOS BANDEIRANTES – Vendo três lotes, sendo um de esquina, junto à praia, com 15x30. 30 anos de Registro dos imóveis. Vendo livre e desembaraçado. Base Cr$ 700.000,00 cada lote. Facilito parte do pagamento. 22/01/60.*

A citação ao registro do imóvel era um importante chamariz, assim como as palavras "livre e desembaraçado", numa altura em que as ações em curso na justiça discutiam o que era de quem.

Outro dado importante e que mostra a falta de infra-estrutura da Barra da Tijuca, era a menção de que a casa ou o terreno era dotado de água, luz e esgoto.

TERRENO NA BARRA DA TIJUCA – Frente p/Itanhangá Golfe Clube, 2000 m², água, luz e esgoto. Vendo ou troco por automóvel. preço 2 milhões. 18/01/61.

A propósito, hoje há água, luz e telefone, mais o esgoto continua sendo uma reivindicação generalizada, 39 anos depois...

Os anúncios a seguir dão idéia do crescimento do Recreio dos Bandeirantes entre 1961 e 1984, sendo que um deles confirma o nome primitivo da avenida Sernambetiba (agora Lúcio Costa), designando-a por avenida Litorânea.

BARRA DA TIJUCA-RECREIO DOS BANDEIRANTES – Vendo 600 m²; 600 mil. 14/01/64.

RECREIO DOS BANDEIRANTES – Lote de esquina, 600 m², rua asfaltada. Vendo 600 mil. 14/01/64.

RECREIO DOS BANDEIRANTES – Vende-se a preço baixo, 2 lotes na avenida Litorânea, 15x40. Facilito parte. 16/07/61.

Em meados de 1960, começam a ser construídos pequenos apartamentos, na avenida Olegário Maciel e circunvizinhanças, direcionados para aqueles que, gostando do local, ali pretendessem passar férias e fins de semana. Eram apartamentos chamados JK (janela e *kitchenette*), cujo exemplar mais característico é o Edifício "Sobre as Ondas", que ainda está lá, na esquina com avenida Sernambetiba. Aliás, não só apartamentos eram oferecidos, mas também pequenas casas, sobretudo lá no extremo, junto ao canal da Joatinga.

BARRA DA TIJUCA – Próximo à praia – Rua Olegário Maciel, 340 apto. 104 – Quarto e sala com garagem. Preço NCr$ 45.000,00. Entrada NCr$ 25.000, saldo financiado a longo prazo. 14/06/64.

APARTAMENTO – Vendo 1ª locação na praia, na av. Sernambetiba, 2970, ap. 41 Bloco 2, qto, sala, kit e banheiro. Entrada NCr$ 10 mil, saldo a combinar, ótimo para fins de semana e férias. 12/01/70.

BARRA DA TIJUCA – Ap. em final de construção, com quarto e sala sep. cozinha. Preço 795.000,00, com 10% de sinal e o restante financiado. Vêr aos domingos na av. Olegário Maciel, 340. 4/01/61.

Anteriormente se mencionou a boate que funcionava num avião desativado. Este anúncio a usa como referência geográfica. no ano de 1970.

BARRA – Vendo lote bem situado e muito financiado – Vêr hoje Av. Armando Lombardi, 35 (a 200 metros da Boîte do Avião). 12/01/70.

Um aspecto interessante neste anúncio é que nele não é usado o que era comum à época, Barra da Tijuca; denomina o local como hoje: somente Barra.

Como curiosidade, o anúncio a seguir é transcrito: o valorizadíssimo Itanhangá dos nossos dias, para ser mais atrativo o imóvel, seu proprietário incluía um automóvel na venda. e era o mais luxuoso carro nacional da época: o Itamarati.

ITANHANGÁ – Vendo linda casa mobiliada, incluindo um Itamarati 67 – NCr$ 200 mil. 3/01/70.

Em princípio de 1970, a Barra da Tijuca e o Recreio dos Bandeirantes começaram a ser individualizados nas páginas de classificados imobiliários, caracterizando sua importância emergente.

Esta situação permaneceu até 1972, quando as mesmas colunas foram contempladas, junto com Barra e o Recreio, com o bairro de São Conrado.

Com o tempo vão se configurando modificações nos perfis dos imóveis postos à venda, embora permaneça, aqui e ali, menção à infraestrutura, mas acrescida do telefone, mostrando que, nesse aspecto, pouco mudou.

CASA – Vende-se espetacular com salão e demais dependências. Telefone, água e luz. Dois pavimentos. Praia dos Amores, 92. Perto do Quebra-mar. 4/01/71.

CASA – Vendo casa pequena c/tel. e luz. Linda vista para o mar. Terr. de 500 m². 6/01/71.

BARRA DA TIJUCA – Vendo espetacular terreno c/600 m² à 50 metros da praia, c/água, luz e telefone. 6/01/71.

Outro chamariz muito usado nos primeiros meses de 1971, era o apelo à obediência ao Plano Lúcio Costa.

BARRA DA TIJUCA – Terr. praia com 22x44 m, plano, com projeto aprovado pelo Grupo de Trabalho Lúcio Costa, p/construção de 8 apartamentos, sendo 4 de sala, 3 qts, dependências completas e 4 de sala, 2 qts, dependências completas e ainda 6 lojas. Preço: 200 mil facilitados. 7/01/71.

BARRA – 2 lotes juntos ou separados com 10.000 m² cada. Zona residencial. Plano Lúcio Costa, margem da Rio-Santos, junto ao Clube Novo Rio. 25/01/71.

RECREIO – 4 terrenos de 3.000 m² cada. Plano Lúcio Costa. Serve p/pilotis, 2 andares e cobertura, cada Cr$ 36.000, com pequeno sinal e saldo em dois anos. 4/01/72.

BARRA – Terr. prontos para construir em ruas asfaltadas. Lotes aprovados no Plano Lúcio Costa. Entr. facilitada e prestações a partir de Cr$ 500,00. 4/01/72.

Por outro lado, é perceptível que o bairro do Itanhangá vai se destacando como área nobre. As ofertas de imóveis permitem esta conclusão.

ITANHANGÁ – Base 600.000. 7/01/71.

ITANHANGÁ – Casa de luxo 1ª locação, 1 milhão e 800 mil. Rua Comissário Campos Gay, 40. 7/01/75.

ATENÇÃO – Tenho um cliente certo p/compra de casa ou terreno no Itanhangá. Base 600.000. 7/01/71.

ITANHANGÁ – Terreno plano – Local aprasível e de belas residências, com 912 m² de área real, entrega imediata. Ideal para construção de residência ou investimento. Sinal 320 mil. 26/01/75.

ITANHANGÁ – Casa magnífica em terreno ajardinado de 1.000 m² c/vista panorâmica de toda a Barra. P/1.500.000 em 36 meses. 26/01/75.

Além do Itanhangá, começam a aparecer oportunidades imobiliárias na Joatinga, com suas casas montadas nas encostas do morro e com ampla vista para o mar.

JOATINGA – Frente p/o mar. Uma graça de duplex, parece uma casa. Sala, 3 qts., c/var., dep., 2 qts empregadas etc. Sinal 300 mil saldo em 24 meses. 25/01/75.

JOÁ – Terr. c/ 1.396 m². Rua José Lancelotti, exclusiva vista para toda Barra da Tijuca e oceano. Junto à res. de alto gabarito. Cr$ 120/m². 18/01/71.

Assinalam-se, com certa freqüência, anúncios de casas nas ilhas existentes nas lagoas, sendo oportuno lembrar que estas vendas sempre foram oficiosas: o que se vende é simplesmente a posse das benfeitorias.

BARRA – Casa em terr. de 2.000 m² na ilha da Jigóia, ancoradouro próprio, pomar c/ árvores frutíferas. Preço Cr$ 500 mil. 21/01/75.

BARRA – Vendo entre a Barra e o Recreio exc. posse. Ilha plana, arborizada, com água e luz da rua. Prèço de ocasião. 18/01/71.

De 1975 para cá, com a construção das vias de ligação da Barra da Tijuca com as Zonas Norte, Sul e acentuadas melhorias na ligação com a Zona Oeste, a oferta de imóveis foi aumentando, a princípio timidamente, para explodir nos últimos dez anos.

Continuam, todavia, ainda aparecendo anúncios de lotes remanescentes no Recreio e iniciam-se, à semelhança do que aconteceu com o restante da Barra, ofertas em Grumari, prolongamento natural para o sul. Aparecem, eles, junto aos imóveis à venda em Guaratiba.

Toda esta explosão de crescimento da antiga Baixada de Jacarepaguá está começando a cobrar seu preço.

As vias transversais previstas no Plano Lúcio Costa, em horas de pique, já se apresentam insuficientes e qualquer acidente de trânsito provoca engarrafamentos consideráveis, apesar das recentes ampliações das faixas de rolamento.

Por outro lado, em razão da falta de fiscalização oficial e das deficiências na segurança pública, vias de uso geral apresentam-se bloqueadas, em vários trechos, até por gradis, enquanto outras, como a Via 5 (avenida Embaixador Abelardo Bueno), que não foi concluída, e a Via 4, que não chegou a sair das pranchetas, poderiam desafogar muito a situação do tráfego local.

As ligações perpendiculares à praia, à exceção da Ponte Lúcio Costa e das duas sobre a lagoa, que fazem parte da avenida Ayrton Senna, inexistem, embora, também, previstas em vários projetos.

Com o tempo e a falta de transportes de massa de boa qualidade, as autoridades terão de enfrentar esta crucial saturação, como, igualmente, pensar com seriedade na duplicação da avenida Niemeyer.

Até lá, a atração pela Barra da Tijuca e seus bairros irá aumentar, dadas as suas características sem similar no Rio de Janeiro.

Planos, Projetos, Realizações e Sonhos

A Barra da Tijuca, embora tenha a gênese de sua história remontando a meados do século XVI, através da família Sá, não é diferente do resto do Rio de Janeiro e do Brasil, de um modo geral.

Ao longo do tempo, planos mirabolantes ou modestos foram propostos, para alegria, esperança e aborrecimento de seus moradores. Poucos deles, todavia, realizados. Outros, depois de sofrerem modificações ou distorções, foram levados à frente.

O malogro dos planos pode ser debitado tanto aos governos como aos empresários particulares, que não cumprem suas promessas ou obrigações, por incúria ou omissão, sem serem chamados à prestação de contas para apurar responsabilidades e para punir os culpados.

Propostas, levianas muitas, fantasiosas outras, são apresentadas, para depois serem esquecidas, como se pudessem ser definitivamente apagadas da memória coletiva.

Assim, permanece sem solução a questão do esgotamento sanitário da Barra, o maior problema, e o mais sério da região, que inclui também Jacarepaguá. Discutem as autoridades, de um lado, os técnicos não governamentais, de outro, e ainda os leigos e palpiteiros da chamada opinião pública, de um outro. Dessa discussão não sai qualquer decisão definitiva, pois as posições são quase sempre conflitantes e os egos respectivos de cada um dos lados muito maiores que a visão do bem da comunidade.

Um dia o emissário submarino é a solução, para a qual considerável volume de recursos já foi investido; outro dia, a solução são as lagoas de estabilização, como se uma alternativa invalidasse a outra, quando, pelo contrário, se completam. Entretanto, tudo permanece como está, com a degradação das lagoas e prejuízo da fauna e da flora nativas.

No período em que esteve no governo do Estado, Wellington Moreira Franco prometeu que solucionaria a questão, mas, como outras promessas feitas e não cumpridas, a CEDAE não concluiu o projeto, embora quilômetros de tubulões tenham sido enterrados e assim permanecem até o momento sem qualquer utilização. Enquanto outros continuam ao relento, em alguns pontos da avenida Ayrton Senna.

Outras centenas de tubulões, inclusive nos fundos da sede da Região Administrativa da Barra da Tijuca, sem utilização, estão à espera de que uma administração mais consciente e operosa resolva aproveitá-los, para concluir o tão esperado emissário submarino e recuperar as lagoas, transformando-as em locais próprios para recreação e balneabilidade.

As mais recentes notícias divulgadas pela imprensa, nestes últimos anos, suscitam novas esperanças, prevendo a conclusão das obras.

Enquanto isto, por falta de entendimento entre as autoridades municipais e estaduais, a degradação das lagoas prossegue, com os lançamentos clandestinos, por articulares e pela própria CEDAE, tal como ocorre no canal de Sernambetiba, onde à noite, para aproveitar a maré vazante, aquela empresa estadual verte nas águas das lagoas resíduos poluidores, inclusive fezes.

Tubulações abandonadas nos fundos da sede da XXIV RA, desde o Governo Moreira Franco, que deveriam ser utilizadas no esgotamento sanitário da região – 1994.

Os órgãos municipais, dando sua colaboração, fingem ignorar este estado de coisas, e os estaduais, como a FEEMA, que deveria cuidar de proteger o meio ambiente, e a SERLA, responsável pela dragagem e limpeza dos rios, canais e lagoas, se omitem.

Como exemplos frisantes, aí estão as lagoas, os rios e canais quase inteiramente assoreados, impedindo o livre escoamento das águas, provocando inundações nas áreas ribeirinhas e se tornando focos de doenças hídricas.

O importante canal de Sernambetiba,
que deveria drenar as regiões alagadiças dos Campos de Sernambetiba,
parcialmente bloqueado – 1996.

Trecho da lagoa de Marapendi ainda em boas condições,
com seus mangues característicos – 1996.

Mas nem sempre foi assim. Em 16 de janeiro de 1955, o *Diário de Notícias* publicava, em um quarto de página, anúncio do loteamento da Imobiliária Recreio dos Bandeirantes, que, para realçar o empreendimento, mencionava a Lagoinha: ... "De um lado com suas longas praias de areia alva, batidas pelo alto mar; do outro, a Lagoinha com seu espelho d'água refletindo as montanhas ao fundo" ... Hoje ninguém sabe onde fica a Lagoinha, reduzida no seu tamanho pelo assoreamento e coberta por aguapés.

A lagoa de Marapendi pode servir como paradigma para essa situação de abandono: sua profundidade, em muitos pontos, não ultrapassa 20 centímetros, como acontece em quaisquer dos rios e canais, que muitas vezes chegam a ficar invisíveis, cobertos pela vegetação.

E pensar que essa lagoa, com quase dez quilômetros de extensão, em 1957, era descrita por Sylvio Fróes de Abreu, com a autoridade de quem foi por longo tempo diretor do Instituto Nacional de Tecnologia, de outra forma: "as águas dessa lagoa gozam a reputação de serem muito puras"... "por serem alimentadas por infiltração" (freática). Isto, há 42 anos...

Há, sob este aspecto, um claro retrocesso, pois, em épocas passadas, sobretudo nos anos 70, as dragas eram vistas em vários pontos da Barra, e os mais atentos se familiarizavam com seus nomes. Eram a Telma, a Mônica, a Ester-II e a EBC-II.

Existia o propósito de drenar as áreas alagadas, fruto do assoreamento dos rios e canais, tornando até possível a prática de esportes náuticos.

No início dos anos 80, a Ester-II ainda dragava a lagoa de Marapendi, na altura do Condomínio Novo Leblon.

A quebra na continuidade e o incontrolado aumento populacional levaram a situação à estaca zero, como se encontra hoje, agravada por constante lançamento de esgotos nas lagoas, pela insensibilidade da população, que faz dos cursos d'água local de despejo do que é imprestável.

Esse estado de coisas ocorre, não por falta de legislação ou de órgãos fiscalizadores, que estão espalhados por todos os níveis da administração pública, mas por desídia das chamadas autoridades competentes.

É a FEEMA que constata as irregularidades e não toma providência mais severa que multar; a SERLA, que deveria estar presente para a dragagem e se omite; a CEDAE, que não quer saber de nada, a todos cobra mensalmente a cota de um esgoto inexistente e, finalmente, a Secretaria Municipal de Meio Ambiente, que só tem discurso e nenhuma ação concreta. Aliás, a municipalidade é muito culpada por todo este descalabro, pois, sabendo que não há esgotamento sanitário, aprova e licencia novas obras, casas, edifícios e empreendimentos comerciais, sem cobrar de quem de direito a participação no equacionamento desta situação.

As promessas a respeito da solução dos problemas de esgotos e saneamento da Baixada de Jacarepaguá são renovadas e transferidas a cada ano, sobretudo nas épocas eleitorais. As obras sempre estão sendo marcadas para iniciarem-se no próximo ano...

A tibieza governamental não permite assumir decisões mais sérias; vai transferindo para adiante o que seria obrigação fazer, enquanto cresce a ocupação do solo, pela construção de novas casas, prédios, condomínios, empreendimentos comerciais e, mais grave, pelo crescimento indiscriminado de favelas.

Promete-se daqui e dali. Propõem-se as mais esdrúxulas e insensatas alternativas para as vastas áreas livres, por sobre as quais a imaginação elucubra planos e projetos.

Para que o leitor tenha idéia do que já se propôs para a Barra da Tijuca, a seguir alguns exemplos de irresponsabilidades ou sonhos serão relembrados.

Em 1939, andou por aqui um emissário de uma firma francesa, a Société Bertin, vendendo a proposta de instalar a ligação, através de aerotrem, do Aeroporto Internacional, na ilha do Governador, à Barra. Alvoroço e entusiasmo, naquela ocasião, e silêncio daí em diante.

Aliás, os franceses foram, pelo menos algumas vezes, responsáveis por gastos inúteis na Barra da Tijuca. Ao tempo do Vice-reinado, o Marquês do Lavradio, preocupado com as incursões predatórias ocorridas nos anos iniciais do século XVIII, desandou a construir fortificações, ao longo do litoral, inclusive na Baixada de Jacarepaguá, por onde Duclerc havia entrado em 1710.

Aníbal Barreto, no seu livro *Fortificações do Brasil*, registra que, em 1775, a região da atual Barra da Tijuca foi contemplada com um fortim e duas baterias, nas imediações do Pontal de Sernambetiba; outro fortim e duas baterias um pouco mais a oeste, nas cercanias da Pedra de Itapuã, e outras duas baterias junto ao canal da lagoa da Tijuca.

Toda essa parafernália bélica nunca chegou a ser usada, tendo destino pouco glorioso, pois, abandonadas e consumidas pela maresia, a maior parte das peças desapareceu. O armamento do fortim e algumas das baterias estão hoje no Museu Histórico Nacional; das demais não há qualquer notícia.

Na década de 30, Magalhães Correia, em seu livro *O Sertão Carioca*, afirma que o então prefeito, Antônio Prado Junior, havia prometido preservar todas as peças, instalando-as em bases de alvenaria, o que não aconteceu.

O local onde ficava o fortim do Pontal seria correspondente à extremidade da avenida Sernambetiba, no Recreio dos Bandeirantes.

Em 1951, no mesmo sítio, já sem aqueles armamentos, foi fixado um marco comemorativo do início da avenida Litorânea, que ali

Marco comemorativo à inauguração
do primeiro trecho da avenida Litorânea (Sernambetiba)
no local onde estiverem instalados o Fortin de Sernambetiba
e as baterias do Pontal – setembro de 1956.
(Foto de Anníbal Barreto).

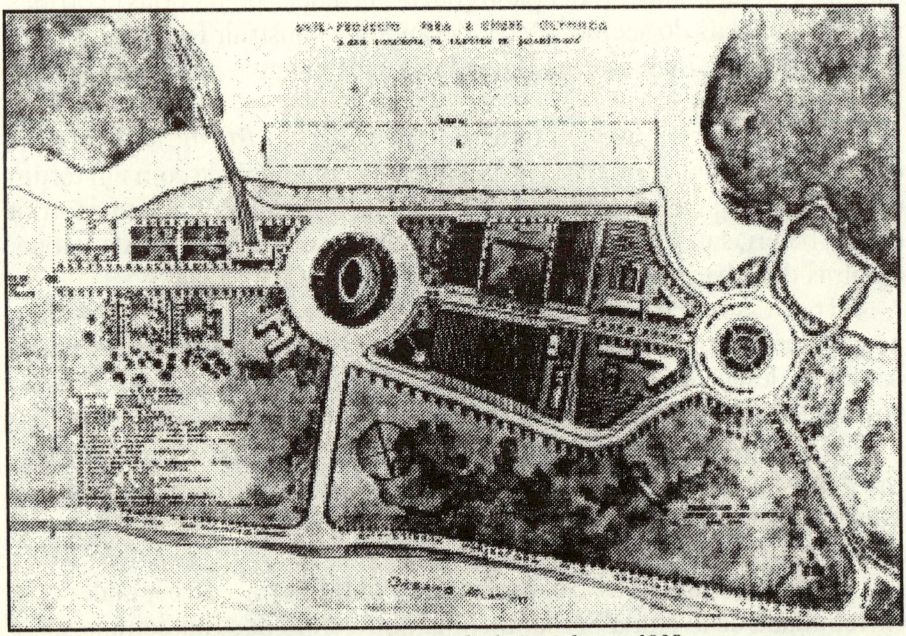

Projeto do engenheiro Arlindo Laviola, em 1938,
para construção da cidade Olímpica na restinga de Jacarepaguá.
*(*Revista Municipal de Engenharia*) – 1938.*

permaneceu até 1956, pois disto há registro fotográfico. Com as sucessivas obras e modificações viárias, o marco desapareceu, como desapareceram os canhões.

Mas, se essas coisas ocorreram há muitos anos, e são objeto de menção pelo seu sentido inusitado, no ano de 1995, lá estava o nosso alcaide da vez, a falar em "trem bala" ou, para ser mais preciso, uma versão cabocla do HSST (Hight Speed Surface Transportation) japonês. Vejam os leitores se não era tentadora a proposta: ligar a Barra da Tijuca à Praça do Expedicionário, bem no centro da cidade, passando por três túneis, num percurso de 36 quilômetros. E, o mais importante: tudo estaria pronto até o fim de 1996, com os trens flutuando nos trilhos através de levitação magnética...

Outra história, tão mirabolante quanto outras que a sucederam, diz respeito a um projeto do engenheiro Antônio Arlindo Laviola, em 1938. Sem qualquer infra-estrutura, audaciosamente pretendia ele que se construísse, no espaço ocupado pela restinga de Jacarepaguá, nada mais nada menos que uma cidade olímpica, ocupando toda área compreendida entre o canal de Marapendi e o atual Barrashopping, no sentido transversal, e da lagoa da Tijuca até o mar, no sentido longitudinal, prevendo, entre outras coisas, a construção de um estádio de futebol com capacidade de 150 mil espectadores. Isto em 1938.

Onze anos após, em 1949, quando se discutia a construção do Estádio Municipal, atual Maracanã, onde se realizariam os jogos da Copa do Mundo de 1950, um grupo de vereadores, liderados por Carlos Lacerda, propunha que a obra fosse feita na Baixada de Jacarepaguá. Mais uma vez, a Baixada. Por oportuno, o mesmo Carlos Lacerda, mais tarde como Governador, não se lembrou da região, e não só ele.

Em toda a vasta bibliografia lançada em 1965 para comemorar o IV Centenário da Cidade, não há planos para a Barra da Tijuca, e os próprios mapas da época apresentam-na como um vazio, onde só se evidenciam as lagoas. Isto há 34 anos passados.

Num dos mais insossos governos que o Rio já teve, o Prefeito Saturnino Braga, inebriado com a extensão da vasta Baixada, incentivou e prestigiou, com a inauguração de placas alusivas, os chamados Pólos de Desenvolvimento.

Assim, na estrada dos Bandeirantes, seriam criados os Pólos de Confecção e de Tecnologia, e, na avenida Embaixador Abelardo Bueno, o Pólo de Cine-Vídeo.

Do primeiro, até há pouco ainda restava a placa indicativa, num terreno que recebeu arruamento e algumas obras de infra-estrutura, melhoramentos que foram aproveitados para implantar em 1996, um conjunto habitacional para população de baixa renda; do segundo, pouco se pode falar; serve como depósito de entulho, e, por estar na Região Administrativa de Jacarepaguá, não cabe aqui um aprofundamento maior; e do terceiro, o de Cine-Vídeo, depois do término do mandato de Saturnino Braga, foi adaptado para sediar atividades realizadas na cidade por ocasião da ECO-92, e, no momento, está parcialmente ocupado por estúdios de cinema e televisão.

A atração pela região da Barra da Tijuca não é só um privilégio ou um defeito de autoridades governamentais. A diretoria do Flamengo, por exemplo, pretendendo dar mais comodidade aos seus associados, espremidos na sede da Lagoa Rodrigo de Freitas, um dia, teve a intenção de construir, na estrada dos Bandeirantes, uma sede campestre e uma vila olímpica. A placa foi inaugurada e lá está, bastante enferrujada, testemunhando mais um projeto sonhador. No local, só o mato e a vegetação nativa. No momento, os dirigentes do clube, descartando aquele primitivo local, alugaram outra área no Recreio dos Bandeirantes, a qual, pomposamente, chamam de Fla-Barra.

"Futuras" instalações da Vila Olímpica do Clube de Regatas Flamengo na Vargem Grande (abandonada) – 1994.

Defronte daquele velho sonho rubro-negro, mais uma obra governamental, ainda do tempo da ditadura Vargas, comprova a vocação das autoridades em gastar dinheiro à toa, sobretudo em épocas onde não há possibilidade de serem criticadas. É da década de 40, quando a Baixada de Jacarepaguá era o sertão carioca.

Inaugurou-se lá, então, a Casa do Pequeno Lavrador, à semelhança da ainda hoje existente, Casa do Pequeno Jornaleiro. No local não há lavradores, pequenos ou adultos, somente a placa na porteira indicando que, algum dia, houve a intenção de que ali se instalasse tal instituição.

A Rede Manchete, sempre às voltas com problemas financeiros, também deu sua contribuição neste elenco de projetos não consumados. Criada a partir de 1981, com a concessão governamental para funcionamento da TV Manchete, sua administração, certamente inspirada pela vastidão plana da Barra da Tijuca, plantou lá seu sonho, a Cidade da Televisão, na avenida Embaixador Abelardo Bueno, fazendo erguer, com festas e ampla divulgação, as grandes placas, que permanecem no local, agora castigadas pelo tempo, dezessete anos após, como prova de mais um plano malogrado. No local, além das placas, só a tosca casa do vigia, que briga com o mato para não ser escondida.

Uma curiosidade para os mais novos e uma recordação nostálgica para os mais velhos, adeptos do automobilismo e de carros de avançada tecnologia. A Barra da Tijuca foi palco de dois grandes prêmios Cidade do Rio de Janeiro, ambos em 1960, há 35 anos, portanto. E não no autódromo hoje existente.

Até 1953, a grande atração do automobilismo era o Circuito da Gávea, uma prova de rua, onde era impossível a cobrança de ingressos. O custo da vinda ao Brasil de grandes pilotos era alto, o que acabou por inviabilizar a continuação do evento, já dificultado pela 2ª Guerra mundial.

Em 1957, foi tentada a ressurreição da prova, nas alamedas da Quinta da Boa Vista, mas, ainda assim, não foi possível evitar a burla na cobrança dos ingressos, transformando-se o evento num fracasso financeiro.

O Automóvel Clube do Brasil, responsável na época pelas corridas, resolveu, com o apoio de Abraão Medina, empresário vitorioso no ramo de eletrodomésticos, aproveitar o pequeno trecho da Barra, recém-asfaltado, compreendido pelas atuais avenidas Olegario Maciel, Armando Lombardi, rua Rodolfo Amoedo, praça São Perpétuo (praça do Ó) e avenida Sernambetiba, como pista de 4,8 quilômetros, para o XV Grande Prêmio Cidade do Rio de Janeiro, realizado em janeiro e ganho pelo piloto Ciro Caires.

O local se adaptava aparentemente bem à venda de ingressos, julgados extorsivos pelo então prestigiado *Diário de Notícias* – Cr$ 100,00 por pessoa e Cr$ 500,00, por veículo. Só havia uma entrada para a Barra: pela ponte fronteira à atual praça Euvaldo Lodi, onde foi instalada a bilheteria.

O sucesso foi grande e, no mesmo ano, em novembro, foi realizado o XVI Grande Prêmio da Cidade do Rio de Janeiro, também vencido pelo mesmo piloto.

"Cidade da Televisão" da Rede Manchete, inteiramente abandonada – 1994.

Flagrante da prova automobilística denominada:
XV Circuito Cidade do Rio de Janeiro, realizada em 1960,
vendo-se ao fundo o morro do Focinho do Cavalo.
(Autor desconhecido) – 1960.

Um dado interessante, que corrobora a versão corrente à época, quanto à má fama da Barra da Tijuca, é um subtítulo do mesmo *Diário de Notícias*, na sua edição de 6 de novembro de 1960, chamando o circuito da Barra da Tijuca de "Trampolim do Pecado", aproveitando-se da antiga designação do Circuito da Gávea, que ficou conhecido como "Trampolim do Diabo", pelas dificuldades do seu traçado.

A organização de corrida, nessa segunda edição, que também foi chamada de 1º Circuito da Guanabara, foi prejudicada pelos barqueiros do local, que, burlando as intenções dos responsáveis, começaram a transportar em seus barcos os espectadores, cobrando preços bem menores que os da bilheteria oficial, sem que pudessem ser impedidos, já que os barcos eram seus e a lagoa era pública.

Não havendo resultado financeiro favorável de arrecadação, não foi possível manter o local como circuito automobilístico. As provas só voltariam a ser realizadas na Barra, depois da remodelação do primitivo e improvisado autódromo, na administração de Marcos Tamoio, ao qual foi dado o nome de Nelson Piquet, nos últimos tempo quase abandonado, pelo deslocamento para São Paulo das provas automobilísticas da Fórmula 1. Com as provas da Fórmula Indy, voltou a ser utilizado.

A leitura das coleções de jornais enriquece o folclore das alternativas tão grandiosas quanto fantasiosas, vez por outra apresentadas para a Barra da Tijuca.

Lá pelos anos 50, a Barra era ainda um local ermo, tão ermo que uma das grandes empresas de Hollywood veio ambientar, na imensidão quase intocada da Baixada de Jacarepaguá, um filme de Tarzan, que tinha, como curiosidade, entre seus protagonistas, o ator José Lewgoy.

Como eram difíceis os caminhos para chegar ao local, em maio de 1952, para comprovar a veracidade de qualquer fato que eventualmente ali ocorresse, com grande estardalhaço, em encarte especial, a maior revista da época, *O Cruzeiro*, dava conta, inclusive com fotos, da presença de um disco voador sobre os céus da Barra, em ampla reportagem de dois conhecidos repórteres, João Martins e Ed Keffel, que o teriam observado, enquanto descansavam, deitados sob uma amendoeira, depois de almoçarem fartamente no Bar do Compadre, ainda existente, junto ao quebra-mar...

Noticiava-se, em 1969, que se realizaria no Rio, comemorando o Sesquicentenário de Independência do Brasil, uma Exposição Internacional e, mais uma vez, o local indicado seria a Barra.

A projetada EXPO/72 seria inaugurada a 21 de abril de 1972, permanecendo aberta até 15 de novembro do mesmo ano. Para ser mais preciso o plano, só faltava definir o horário de funcionamento, a fim de que os dez milhões de visitantes previstos pudessem freqüentá-la.

Disso tudo, a única coisa que realmente aconteceu foi o 7 de setembro, comemorando o 150º aniversário da Independência do país, mas não na Barra. A EXPO/72 ficou no esquecimento. Felizmente, afinal o local não tinha condições de comportar esse evento naquela altura.

Dentro do elenco de curiosidades, pode ser citada ainda uma, que hoje pode parecer estapafúrdia. A proposta, transformada em medida oficial, no início da década dos anos 60, pelo Instituto Brasileiro de Reforma Agrária – o IBRA, finado ancestral do INCRA contemporâneo, que incluía a Baixada de Jacarepaguá e, portanto, a Barra da Tijuca, como uma das áreas prioritárias para implantação da reforma agrária, já falada e decantada há quase quatorze anos, como ainda o é nos dias de hoje. Chega ser engraçado imaginar essa área, com o potencial que tem para a Cidade do Rio de Janeiro, transformada em campos de cultura de soja, cana-de-açúcar ou pequenas lavouras de produtos hortigrangeiros.

A criatividade das autoridades brasileiras, em qualquer nível, é inesgotável. Em 1970, a SURSAN – Superintendência de Urbanização e Saneamento do Estado –, através do seu Departamento de Rios e Canais, propunha-se a dragar as lagoas de Jacarepaguá, Tijuca, Camorim, Lagoinha e Marapendi e os canais do Cortado, do Portelo, das Taxas e de Marapendi, para fazer circular, com finalidades turísticas, lanchas, num percurso de 40 quilômetros.

A proposta seria sair da lagoa da Tijuca, junto ao quebra-mar, seguir pela lagoa de Camorim, depois a de Jacarepaguá que, pelo canal do Cortado, chegaria ao Canal de Sernambetiba, entrando pelo canal das Taxas, passando pelo Lagoinha, prosseguindo pela lagoa e canal de Marapendi, para voltar à lagoa da Tijuca, depois de percorridos os 40 quilômetros.

Para proporcionar este périplo, admitia a SURSAN, órgão responsável pela urbanização e saneamento naquela ocasião, sem verbas para tal; manter todo sistema navegável, com 2,5 metros de profundidade mínima, 40 metros de largura, nas lagoas, e 25 metros, nos canais.

A ilha da fantasia do planejador brasileiro vai tão longe quanto permite a imaginação e chega ao delírio, algumas vezes, como nesse caso, ao propor para depois deste circuito lacustre, criar uma linha de aerobarco (*hovercraft*), que sairia do Flamengo e, em quinze minutos, chegaria à entrada do canal da Barra, de modo a ser um meio alternativo de transporte para os bem-aventurados moradores da região.

Mas como sonhar não custa nada, volta e meia aparecem propostas oníricas, como a de ligar a Barra da Tijuca ao Aeroporto Internacional, com paradas em Copacabana, Botafogo, Glória, Centro e Fundão, com este tipo de embarcação.

Como sempre, há defensores para essas propostas, e há os que as combatem. De qualquer forma, além do custo elevadíssimo, o grande desafio seria encontrar um *hovercraft* compatível para enfrentar o mar aberto e as rasas profundidades das lagoas.

O projeto, ã semelhança das linhas Vermelha e Amarela, já tinha nome: Linha Azul... Sonho Azul...

Há, no entanto, um competidor para o *hovercraft*. Recentemente, o australiano catamarã foi oferecido pelo consórcio Powercats, daquele país. A embarcação comportaria 500 pessoas sentadas e faria, bem no condicional, o percurso da praça XV de Novembro à Barra em 35 minutos, com o conforto do ar-condicionado e música ambiente. Tudo isso e mais uma tarifa bem próxima daquela cobrada pelos ônibus da cidade.

O consórcio australiano, através de seu representante, prometia cumprir tudo isso, se houvesse aprovação rápida, para que os moradores da Barra, em oito meses, pudessem trocar a rodovia pela hidrovia. Tudo soa tão difícil e longínquo, que nem pode ser considerado sonho. É delírio, puro delírio.

A propósito de curiosidades, parece oportuno relembrar fato que é desconhecido de quase todos. Em 1930, um navio mercante japonês, carregado de laranjas, ficou preso num banco de areia, a 100 metros da praia, defronte onde hoje está o Condomínio Novo Leblon, vindo afundar. Os arquivos navais, com precisão registram e localizam os restos desse navio (latitude 23° 1' 0'' Sul e longitude 43° 24' 10'' Oeste), bem próximo à areia.

Em 15/08/91, a área ao redor da lagoa e do canal de Marapendi foi transformada, por decreto da Prefeitura da Cidade, em Área de Proteção Ambiental (APA), visando garantir a perpetuação da flora e da fauna do local, depois da opinião pública ter assistido, durante algum tempo, pressões de um grupo de vereadores para a aprovação de projetos com intenções turísticas, ou pelo menos assim chamados, propondo alterar o gabarito das construções para prédios com até 30 andares na orla marítima, inteiramente em desacordo com o plano de Lúcio Costa e com o bem senso.

Além desta APA, na XXIV Região Administrativa existem mais duas outras Áreas de Preservação Ambiental, a de Grumari, desde 30/12/82, e a da Prainha, criada em 11/01/90, mas quase sempre desrespeitadas.

Algumas dessas áreas, com a vista grossa dos órgãos competentes, já tiveram destruídas sua vegetação característica, como, por exemplo, a área lindeira aos fundos do Condomínio Novo Leblon. A administração do Condomínio tomou conta do local, construindo, além de uma pequena praia, atracadouro de balsas e marina, sendo acompanhada, certamente com a complacência das autoridades, pelo Clube dos Oficiais do Corpo de Bombeiros, seu vizinho, que ali construiu sua sede náutica.

Esse não é o único, nem o mais flagrante exemplo. Há outros, como o Clube Ginástico Português, antigo destruidor da vegetação original, ao

Ocupação predatória das margens da lagoa de Marapendi, em área de proteção ambiental, nos fundos do Condomínio Novo Leblon – 1995.

Ocupação ilegal dos mangues da lagoa de Marapendi – 1996.

criar, também, sua praia artificial e o famigerado restaurante Lokau, que, por desídia e complacência da municipalidade, construiu um grande *deck* sobre o espelho da lagoa.

Toda essa área, que deveria estar protegida, atinge 7,9 milhões de metros quadrados das restingas remanescentes, manguezais e dunas naturais, 70% da qual são públicas, incluindo os 7 quilômetros de praia.

Ocorre que, entre a boa intenção e as ações efetivas, quase sempre há um abismo, pelas distorções manipuladas por grupos radicais, ideologicamente incapazes de compreender que a preservação e o progresso têm de ser compatibilizados, sem se excluírem.

As normas legais visam, sobretudo, a essa compatibilização, de forma que o uso dos bens públicos não deva impedir o desenvolvimento de regiões como essa APA da Barra da Tijuca.

O decreto vigente dá poderes à Secretaria de Urbanismo e Meio Ambiente para definir o zoneamento e indicar parâmetros urbanísticos de ocupação e preservação, mas não lhe dá o direito de interferir no que está consagrado e consolidado pelo uso da coletividade.

Fosse assim, para atender a esses propósitos, num dia qualquer desses, teríamos de assistir a reconstituição dos morros do Castelo e de Santo Antônio, com o desaparecimento do Aeroporto Santos Dumont e o Parque do Flamengo, construídos a partir deles, não fosse o absurdo da idéia.

Pois bem, apesar disso, uma nova manifestação de distorção dos objetivos do decreto, foi divulgado pela imprensa em julho de 1994. A Secretaria Municipal de Urbanismo que, sem consultar ninguém, entendia que o melhor para todos, habitantes ou não da Barra, é seccionar a avenida Sernambetiba, num trecho de quatro quilômetros, para restabelecer ligação direta do atual Parque Zoobotânico de Marapendi com a praia!

Parque Zoobotânico junto à lagoa de Marapendi – 1995.

É sempre bom lembrar que o Parque, ocupando 704 mil metros quadrados, só subsiste, junto com a fauna e a flora locais, porque está encapsulado e protegido por altos muros nos quatro quilômetros do seu perímetro.

Levar a vegetação até a praia seria, das intenções lucubradas, a mais fácil. O difícil será conservá-la e convencer os usuários de que devem se comportar como observadores da vida selvagem, sem degradá-la ou agredi-la.

Certamente que, no papel, haveria fiscais, os mesmos que deveriam existir em atividades similares, mas aí estão as praças da cidade, fechadas com grades, simplesmente porque a municipalidade não consegue mantê-las em condições adequadas e protegidas dos vândalos.

O projeto é tão mirabolante e complexo que só o mais convicto sonhador seria capaz de admitir sua viabilidade e, sobretudo, sua manutenção.

Proteger o entorno da lagoa é defensável e digno de aplauso; castigar a todos os que usam a avenida Sernambetiba por isso é violência. Sobretudo porque os usuários não foram ouvidos.

O transtorno causado pelo bloqueio da avenida Sernambetiba não traria qualquer compensação e os gastos que o plano envolve poderiam ser usados em prioridades reais, como a solução da favelização contínua da Barra, o desassoreamento das lagoas, o asfaltamento das ruas do Recreio dos Bandeirantes ou a questão do esgotamento sanitário.

Este projeto deve ter o mesmo final de outras idéias não realizadas. Felizmente.

Se muitas iniciativas não se consumaram na prática, umas poucas foram vitoriosas, como a criação da Cidade do Rock, em 1985, na área compreendida pela avenida Salvador Allende, a estrada dos Bandeirantes e o Rio do Marinho, bem ao lado do Riocentro.

No local, durante duas semanas, realizou-se o "Rock in Rio", com a participação dos mais expressivos nomes da música, do país e do exterior, prestigiado por um imenso público, cujo êxito repercutiu internacionalmente.

Entretanto, só foi possível realizar no local a primeira versão do evento, pois a intolerância, a pouca visão e a demagogia do Governador do Estado, Leonel Brizola, impôs aos organizadores a desativação do local, embora pertencente à Carvalho Hosken S/A, sob o tolo argumento de que a autorização para a realização do "Rock in Rio" fora dada em caráter precário, com a condição de que todo material usado deveria ser entregue às populações carentes, para ajudar nas construções de novas favelas.

Desse modo, restam hoje não mais que alguns trechos dos muros em torno do local e vestígios das antigas bilheterias e portões de entrada,

Aspectos, diurno e noturno, do I Rock in Rio – 1985.

Ruínas das bilheterias da chamada Cidade do Rock, onde se realizou o I Rock in Rio – 1994.

Windsurf na Lagoa de Marapendi, nos fundos do Condomínio Novo Leblon – 1979.

tudo em meio do matagal, fruto de insensibilidade de um político demagogo e sem sensibilidade artística e cultural, que, durante dois governos, tanto prejudicou o Rio.

Sem muitas e convincentes explicações, houve épocas em que mais se acentuaram as idéias inovadoras, os modismos, as propostas de vanguarda e os projetos mirabolantes para a Barra da Tijuca.

Logo depois que foi inaugurado, o Condomínio Novo Leblon – que, entre outros atrativos, oferecia, pelos idos de 1978, a tal pequena praia artificial já mencionada, conseguida pela destruição de área correspondente da vegetação lacustre –, foi palco de uma nova mania que empolgava, sobretudo, os mais jovens: o *windsurf.*

A lagoa de Marapendi, naquele trecho, deu lugar aos precursores deste esporte. Aos sábados e domingos, o local ficava, durante todo o dia, colorido pelas velas das pranchas, cujos praticantes se aproveitavam da tranqüilidade do local para deslizarem sobre as águas, empurrados pelos ventos habitualmente fortes.

No mesmo local, porém, duas das estações de tratamento primário de esgotos do Condomínio despejavam na lagoa a parte final dos dejetos, fato que, aos poucos, foi-se tornando conhecido e pode ter sido a razão pela qual os windsurfistas foram se afastando, optando por realizar suas piruetas aquáticas nas praias, em mar aberto.

A mesma febre do *windsurf*, na sua versão terrestre, ou seja, a prancha sobre rodas, nos anos 80 teve também na Barra da Tijuca seu lançamento. Ficava no início da avenida das Américas, logo à direita, depois da ponte, na pista em direção ao Recreio. O terreno plano e desimpedido, somado à ausência de edificações de ambos os lados da avenida das Américas, permitia que os ventos movimentassem as pranchas com rodas, para que os praticantes executassem suas manobras.

O terreno passou à propriedade das Casas da Banha, que, imediatamente, cercou-o, colocando uma cabine de vigilância para impedir que o local pudesse continuar a ser utilizado para a prática do esporte. E mais: fez pregar um enorme *outdoor*, onde anunciava a construção de mais uma de suas filiais. A firma faliu e nada aconteceu, a não ser o crescimento do mato, que tomou conta do local até que parte dele fosse utilizado num novo empreendimento, o Down Town.

O Bradesco deu sua contribuição, associado à Atlântica-Boavista, companhia de seguro de Antônio Carlos de Almeida Braga. Do mesmo local da avenida das Américas, logo depois da casa de Saúde São Bernardo, com grande estardalhaço, fez nivelar grande área para construção de uma Cidade Olímpica, a fim de preparar atletas capazes de bem representar o País em competições internacionais. Duas imensas placas foram colocadas no local, com festas e presença de autoridades, e só. Não aconteceu mais nada. O afastamento de Almeida Braga do Bradesco matou a iniciativa, da qual o testemunho, ainda hoje, são os postes que sustentavam as placas do empreendimento e um barracão abandonado.

Outro dos projetos que gorou foi o do Shopping-center Eldorado, que seria vizinho dessa Cidade Olímpica, cujas obras chegaram a começar, mais ou menos na mesma época em que se iniciou a construção do Barrashopping (que, no início, chamava-se Barra shopping Center). Ainda há vestígios desse projeto, representados pelas pequenas elevações do terreno, oriundas do início do aterro, com areia retirada da lagoa da Tijuca.

No mesmo local, há cerca de três anos, um grande *outdoor* anunciava a construção de um complexo hospitalar, com o pomposo nome de Centro Hospitalar das Américas, como sempre, o maior da América do Sul. Só anunciava... Nada disso foi feito e outro grande cartaz anunciava, agora, um novo Centro Empresarial, ligado ao Barrashopping.

Em 1990, outro grande projeto, revivendo propostas anteriores: pretendia-se, finalmente, construir a decantada Linha Amarela, idealizada no governo de Carlos Lacerda, então governador do Estado da Guanabara, acolhendo proposta do arquiteto e urbanista grego Doxiades, que previa a ligação da Barra da Tijuca com a Cidade Universitária, no Fundão, com túneis e três pistas superpostas. As duas superiores para automóveis e a mais inferior para transporte coletivo, que, pela proposta, seria uma linha de metrô.

A importância desta via é por possibilitar a ligação da Barra da Tijuca com outros bairros, que demandava tempo e aborrecimentos, pelo longo caminho sem alternativas que todos eram obrigados a percorrer.

O Prefeito Cesar Maia empenhou-se para concluí-la durante seu mandato, imprimindo às obras maior rapidez, dando ao projeto um tratamento um pouco mais modesto do que em sua concepção original.

Com os pés no chão, na Administração de Luiz Paulo Conde, foi terminada essa importante via urbana, que facilita sobremodo a chegada e a saída da Barra da Tijuca, fazendo contraponto para as alternativas hoje existentes.

Mas não só os Governos levianamente sonham. Os particulares também o fazem, provocando prejuízos muitas vezes consideráveis àqueles que acreditam em seus devaneios.

Está interrompida a obra de duplicação da avenida Sernambetiba, no trecho paralelo à Reserva Biológica, porque a comunidade, palavra da moda, que esconde os nomes daqueles que usam a coletividade para fazer prevalecer seus desejos e desígnios, não permitiu e, por pouco, não permitia também as grandes melhorias feitas durante a segunda gestão de Marcelo Alencar como Prefeito do Rio, no restante da orla.

Torres de Athaydeville paralizadas desde o final dos anos 70.

Trecho da avenida das Américas
que os ecologistas de plantão impediram a duplicação,
em prejuízo da coletividade – 1995.

Ocupação ilegal do entorno da lagoa de Marapendi, nos fundos de Barrashopping (já removida) – 1992.

Parque Mello Barreto que ocupou o lugar da favela alí existente – 1995.

Esta posição da chamada comunidade, aliada à demagogia dos políticos e à inapetência dos governos para decidir visando ao bem comum, tem deixado que proliferem favelas como a que até bem pouco tempo existia, na praça professor Souza Araujo, junto ao canal de Marapendi, e as existentes no entorno da lagoa de Jacarepaguá, nos fundos do Autódromo; no Recreio dos Bandeirantes, em locais previstos como área de preservação; na Estada dos Bandeirantes, nas imediações do rio do Marinho e, a mais séria, na estrada de Jacarepaguá, logo adiante do Itanhangá, que acabou por destruir irremediavelmente uma das mais bucólicas e aprazíveis estradas do Rio, a de Jacarepaguá.

Felizmente, na área lindeira à Via Parque, nos fundos do Barrashopping, foi possível, através de enérgica ação dos órgãos municipais e a pressão do Barrashopping, retirar os ocupantes, a cada dia mais numerosos, que vinham degradando os manguezais característicos da lagoa da Tijuca, possibilitando a substituição da favela por um parque público, o Parque Mello Barreto, que será, quando inteiramente pronto, dotado de ciclovia, bosque de bromélias e dois longos *decks* de madeira, projetados sobre a lagoa, para que os freqüentadores do local tenham a possibilidade de um contato mais íntimo com o meio ambiente, à semelhança com o que ocorre na região dos Everglades, no sul da Flórida.

Entretanto, nem sempre isto acontece, pois, em nome de uma pretensa justiça social, a demagogia e o oportunismo político de algumas autoridades deixam que permaneçam nesses locais pessoas desassistidas, sem as mínimas condições sanitárias, que, com o tempo, consolidam-se onde estão, tornando a situação irreversível.

Os ainda grandes espaços vazios planos da Barra excitam a imaginação dos sonhadores.

Vez por outra, continuam aparecendo na imprensa notícias sobre a instalação de complexos de diversão e turismo nos moldes da Disneylândia e similares, sugerindo mesmo que contariam com a participação de capitais estrangeiros, como se isto fosse fácil, num país com tão sérios problemas como o nosso. Seria ótimo se fossem efetivados, pois possibilitariam a criação de um grande número de empregos diretos e indiretos.

Sobre este assunto, desde 1991, havia uma nova proposta, do arquiteto Sérgio Moreira Dias, para construir um parque temático, com o sugestivo nome de RIO PLANETA SONHO, ocupando área de 900 mil metros quadrados, às margens da lagoa de Jacarepaguá, fronteira ao autódromo, com acessos pelas avenidas das Américas, Embaixador Abelardo Bueno e Alvorada.

O custo previsto para o projeto seria elevado, cerca de 300 milhões de dólares, que permitiria construir o parque temático, shoppings, estacionamentos, vias de acesso e um hotel.

As medidas econômicas adotadas, no início do conturbado governo Collor de Melo, e a falta de maior comprometimento oficial inibiram os possíveis investidores e os planos previstos foram sobrestados, apesar da importância da proposta para geração de empregos, o turismo e a cidade.

Os sonhadores são persistentes, e sempre há algum de plantão para propor seu projeto, como o que pretende reproduzir, no quilômetro 23 da avenida das Américas, o parque aquático Wet'n Wild, existente em várias cidades dos Estados Unidos.

Com a terraplenagem concluída, está com suas obras embargadas pelos órgãos oficiais competentes, sob a alegação de acarretar danos ao meio ambiente. Segundo entendem eles.

Pelo cronograma divulgado na ocasião do lançamento do projeto, tudo deveria estar pronto, funcionando, em dezembro de 1994.

Mais tarde, a Renato Aragão Produções deu sua contribuição. nesta mesma linha, ao propor, com a participação da ESTA S/A, a construção, na avenida das Américas, no espaço compreendido entre os estúdios daquela produtora e o Via Parque Shopping, do "Mundo Mágico dos Trapalhões", cujas obras deveriam ter começado em agosto de 1994. O estúdio já foi demolido e vendido em 1996 à Imobiliária RJZ, que tem o propósito de construir no local um centro de compras e salas para atividades comerciais.

No mesmo espaço físico, outro empreendimento foi construído, com o mesmo custo da proposta do arquiteto Sérgio Dias Moreira – 300 milhões de dólares –, o Parque Terra Encantada, como uma Disneyworld, com a participação societária da ESTA Comércio e Participação, contando com o apoio financeiro do BNDES, e já iniciou suas atividades, em janeiro de 1998, depois de sucessivos adiamentos.

Concessões são feitas, entretanto, em prejuízo do bem comum, às vezes passando sobre a vontade coletiva, para atender aos interesses econômicos de alguém ou de alguns.

Todos sabiam, por exemplo, que mais cedo ou mais tarde, com o aumento do número de moradores e de estabelecimentos comerciais, a avenida das Américas necessitaria de algum tipo de reforma.

Era previsão antiga a construção de vias paralelas baixas ao lado das duas pistas de rolamento originais. A Prefeitura, na administração Cesar Maia, atendendo ao clamor público, resolveu executar a obra, considerada por todos como prioritária, mas, durante algum tempo, foi dificultada por recursos judiciais da firma concessionária dos dois postos da Petrobrás, localizados, de um lado e de outro da avenida, no quilômetro 1.

A situação estranha acabou sendo resolvida, até porque a firma proprietária dos postos sabia, desde 1984, do projeto que pretendeu embargar.

Essas coisas acontecem porque a omissão do Governo, que, neste caso, permitiu a irregularidade inicial da localização dos postos, coonestando os abusos de quem se arvora no direito de impedir um benefício para todos, moradores ou não da Barra, sob alegação de pretensos prejuízos pessoais, e que coloca em segundo plano o interesse público.

O mesmo se dá com as passagens para pedestres, na movimentada avenida das Américas, que deveriam ser construídas pelos incorporadores imobiliários. Hoje, vinte e dois anos após a implantação dos grandes condomínios e estabelecimentos comerciais de porte, só existem duas, uma em frente ao Novo Leblon e outra à Nova Ipanema. Por que as outras não foram jamais construídas? Ninguém sabe a razão, mas todos desconfiam...

Passagem para pedestres em frente ao Condomínio Novo Leblon – 1994.

Mais uma vez pode ser constatada a desídia das autoridades, que disso não prestam conta nem dão qualquer justificativa.

Felizmente, nem todos os projetos ficam no papel ou no noticiário da imprensa. De há muito a Barra da Tijuca se ressentia do deficiente fornecimento de energia elétrica, porquanto usava ainda a primitiva rede elétrica implantada antes dos anos 70.

A Light, depois de muitas promessas, ativou a nova Subestação Alvorada, situada nos fundos do Condomínio Vivendas do Bosque, melhorando a crônica falta de energia elétrica, por sobrecarga no sistema ou na época das grandes chuvas.

Se, por um lado, são criticados aqueles que dificultam a solução dos problemas e necessidades da população, por outro, às vezes, esta mesma população merece ser criticada, como no episódio emblemático do plebiscito de 1988, quando uma minoria tentou a emancipação da Barra e sua transformação em município, desligado do Rio, motivada pelas frustrações daqueles que pagam altos impostos e não vêem os resultados, com o incentivo de políticos profissionais e com interesses subalternos.

Como registro para a posteridade, é importante que todos tomem conhecimento do memorial, chamado CARTA-COMPROMISSO DA BARRA, tentando embair com canto de sereia as pessoas de boa-fé.

CARTA-COMPROMISSO DA BARRA

Na qualidade de moradores da Barra, favoráveis ao seu processo de emancipação, nós profissionais liberais, estudantes, políticos, líderes comunitários, donas-de-casa, empresários, intelectuais, artistas e trabalhadores em geral, estamos assumindo, neste momento, o compromisso público de lutar intransigentemente pela defesa de alguns valores que representam o patrimônio físico, econômico e sociocultural da região em que vivemos.

Os princípios básicos dessa luta estão expressos nesta carta-compromisso e constituem um dever de honra que iremos tornar realidade.

1 – Será preservado o Plano Lúcio Costa, pondo fim a esse ciclo de agressões contínuas que vem sofrendo o projeto original da Barra, pelas diversas administrações municipais.

2 – O Município da Barra só poderá usar no custeio da sua máquina administrativa – Executivo e Legislativo – o máximo de 50% de sua arrecadação, que garantirá uma equipe de servidores pequena e eficaz, admitida mediante concurso público.

3 – Todos os serviços que possam ser confiados à iniciativa privada deixarão de ser feitos pelo município, com redução de custos e aumento de eficiência.

4 – Serão priorizados os investimentos em educação, saúde, urbanismo, segurança, asfaltamento, transportes, turismo, lazer e cultura, sem violentar a natureza.

5 – A ocupação do solo pelas populações carentes se dará através de processo global, dando dignidade de moradia aos menos favorecidos e estancando o acelerado processo de favelização.

6 – Será criada a Guarda Municipal da Barra.

7 – A ecologia será preservada. A qualidade do paisagismo passará a ser uma das marcas da Barra, com despoluição das lagoas e total proteção às áreas verdes.

8 – Nenhum imposto sofrerá aumento de alíquota.

9 – Buscaremos preservar, a cada momento, a dignidade administrativa, os direitos dos cidadãos e a capacidade de desenvolvimento do novo município.

10 – Haverá respeito mútuo entre os Administrados e os Administradores em face do princípio de austeridade que deverá prevalecer em qualquer Administração.

Barra da Tijuca, 27 de Abril de 1988

3º Ofício do Registro de Títulos e Documentos sob nº 29.935 Livro E-5

O bom senso da maioria da população, no dia 3 de julho de 1988, sepultou a idéia.

Por falar em sepultar, poucas pessoas, habitantes da XXIV Região Administrativa, têm conhecimento da existência de um cemitério na Barra da Tijuca. Ele existe, é o Cemitério das Piabas, que se situa há 10 minutos do Barrashopping, no entroncamento da estrada dos Bandeirantes com a avenida das Américas, junto à subida para a Grota Funda.

É o menor cemitério da cidade, e talvez do mundo, em uma grande metrópole, ocupando uma suave inclinação do terreno à margem da estrada, com cerca de 1200 metros quadrados, menos que muitas residências da Barra da Tijuca. Foi criado em 1933, como uma repartição municipal, passando à administração da Santa Casa de Misericórdia em 1953, junto com os outros cemitérios da Cidade.

O cemitério de Piabas, à semelhança do seu equivalente na hipotética cidade de Sucupira, consagrada pela novela da TV – “O Bem Amado” – praticamente, não é usado, mantendo um mínimo quadro de pessoal para cuidar do que lá existe.

Administração do cemitério de Piabas – 1994.

A Barra da Tijuca está consolidada, mas ainda com muito para fazer, é certo. Continua, porém, sendo um permanente convite e exercício para os inovadores, como aconteceu, inicialmente, com os primeiros grandes condomínios, verticais e horizontais, copiados depois em todo o País, mantendo as características do seu *way of life*, que a distingue de todos os bairros da cidade e fazendo por merecer o caderno especial que lhe dedica, semanalmente, *O Globo* e, até bem pouco tempo, o *Jornal do Brasil*.

A mais nova contribuição da Barra, dentro dessa tônica de inovação, motivada pelo seu distanciamento do centro da cidade e dos aeroportos, é a implantação, em caráter regular, de linhas de ligação por helicópteros com aqueles locais.

Estes são alguns fatos constantes, até 1999, compilados dos registros da imprensa, retirados da memória dos mais atentos e das esparsas constatações bibliográficas, que certamente não esgotam o assunto, mas demonstram como ficam as promessas, os projetos, os sonhos, anseios, que um dia embalaram ou embaíram a opinião pública, algumas vezes com elevados custos financeiros e prejuízos à coletividade.

Números
e Reflexões

LÚCIO COSTA, quando elaborou o Plano-Piloto para a Barra, admitia claramente que a Baixada de Jacarepaguá, inserida na estrutura físico-geográfica da cidade, bipartida nas duas zonas, a Sul e a Norte, recomporia a unidade e ganharia a possibilidade de tornar-se o pólo importante e verdadeiro centro da metrópole; o que ocorre no presente está a confirmar as previsões daquela época.

Ele não chegava a admitir, e ninguém provavelmente admitiria, que os espaços livres da região fossem palco de tantas alternativas díspares, esdrúxulas e incompatíveis.

No Rio de hoje, praticamente não se pensa em algo grandioso que não seja na Barra da Tijuca, ou com ela tenha ligação. A largueza, os horizontes distantes iludem e seduzem idealistas e inconseqüentes. Tudo pode ser construído na Barra. Há espaços, até que eles deixem de existir, e aí será tarde.

Um exemplo recente dessa fixação ocorreu por conta da possibilidade de que o Rio pudesse vir a sediar, na Barra, os Jogos Olímpicos de 2004, embora pessoas mais lúcidas sugerissem outras opções mais viáveis. Felizmente o evento não se realizará no Brasil, que tem outras coisas mais importantes com que se preocupar e para resolver.

Os Campos de Sernambetiba e a Baixada de Jacarepaguá compõem realmente uma grande área, mas nobre demais para boa parte do que se admite e se sugere para ela. É finita e bela, dentro da sua topografia especial, que, de um lado, lhe dá características singulares, mas, do outro, dificulta certas soluções urbanísticas.

A área total da XXIV Região Administrativa, ou seja, a Barra da Tijuca oficial, segundo dados do Anuário Estatístico/1990 do IPLANRIO, é de 175,67 km², dos quais 40 km² correspondem às lagoas e cursos d'água e 5,164 km² de área construída.

Nela, ainda de acordo com a mesma fonte, vivem cerca de 120.721 habitantes, que eram, de acordo com o Censo do IBGE de 1980, 49.117. A Região Administrativa admite extra-oficialmente, contudo, números superiores, com fundamento na concessão dos "habite-se" residenciais, como estima, também, para o ano 2000, uma população ao redor de 290 mil, ou seja, mais que o dobro da atual, que parece um pouco exagerada.

A Barra da Tijuca, bairro, ocupa 20,04% da área total, ou seja, aproximadamente 35,92 km², com uma população de 69.616 habitantes.

Tanto estes dados, publicados nos Anuários do IPLANRIO, como os tabulados pela Região Administrativa da Barra da Tijuca e pela Subprefeitura (que abrange a própria Barra e Jacarepaguá), são de confiabilidade limitada. Os parâmetros seguidos nem sempre são os mesmos, de forma que acompanhar, dentro de critérios constantes. dados como o crescimento das favelas, a evolução dos valores globais do IPTU, ou a exata dimensão da rede escolar, constituída pelas escolas municipais, estaduais e particulares, nos seus vários níveis, pode levar a deduções contraditórias e distorcidas.

Aliás, é alguma coisa de difícil entendimento, e até incoerente, a duplicação de dois setores que praticamente executam as mesmas funções – a XXIV Região Administrativa e a Subprefeitura. É muito sutil a diferença entre ambas. A XXIV R. A., por ser específica, deveria preponderar, o que não acontece. A Subprefeitura da Barra da Tijuca e Jacarepaguá parece despreparada para atender área tão grande e, por isso, desatende a ambas.

Esta distorção é obra política, que custa caro aos contribuintes, mas serve para eleger ocupantes do cargo que fazem dele o trampolim para vôos mais altos. Bastaria a figura do Administrador Regional para atender o pouco que ambos os setores dividem no momento.

Torna-se, pois, problemático compatibilizar, algumas vezes, dados obtidos em épocas distintas, pois, muitas vezes, a coleta desses dados obedeceu a orientações diferentes.

São, contudo, irrefutáveis os números registrados nas estatísticas da Secretaria Extraordinária do Desenvolvimento Econômico, que comprovam o incremento das atividades produtivas na Barra. Dados oficiais relativos ao primeiro semestre de 1995, por exemplo, informam que foram concedidos 491 alvarás de funcionamento, que aumentaram o quantitativo de 4 mil estabelecimentos de comércio e serviço já existentes.

De qualquer modo, é sobre estes números disponíveis que se pode evidenciar o desenvolvimento desta área, que há menos de cinqüenta anos era considerada sertão carioca e, ainda há trinta anos, era praticamente vazia.

Usando, por exemplo, o número de telefones instalados, que, até 1990, era da ordem de 27.060 aparelhos, comerciais e residenciais, além de 478 públicos, é possível observar o crescimento da região.

Tomando como fonte de referência as antigas e saudosas Listas Telefônicas por endereços, fica fácil ver como era distante a Baixada de Jacarepaguá. Distante no tempo, porque ela não saiu do lugar.

Aparente, a primeira constatação da existência real de telefone na Barra, registrada nas Listas, é o de número 450, da assinante Maria da Glória Freire, moradora na Estrada da Barra da Tijuca. Isto lá pelos idos dos anos 40.

A propósito, falar com a D. Maria da Glória não era simples como hoje, em que pesem às deficiências crônicas da TELERJ. As linhas de transmissão eram precárias e as ligações eram quase interurbanas. Antes do número do telefone propriamente dito, deveria ser discado o prefixo 00, ou pedir à telefonista que o fizesse, pois este telefone pertencia a uma das redes locais da cidade e não à rede geral.

Em 1948, no limiar do decênio seguinte, a situação não mudara: uma assinante, para o mesmo número telefônico, instalado no mesmo local, fato que, de certa forma, persistiria em 1951, só com o acréscimo de mais dois aparelhos ligados, ainda na mesma estrada, um deles o do Itanhangá Golfe Clube.

As principais ruas e avenidas de hoje não tinham os nomes atuais, sendo que a Olegário Maciel ainda era uma rua da Gávea, e a que hoje leva este nome era a Itatupã, sem qualquer telefone.

Por volta dos anos 60, a situação dos telefones, ou da ausência deles, não era devida somente à rarefação populacional. A CTB (Companhia Telefônica Brasileira), subsidiária da Light, já não se interessava muito em ampliar e melhorar suas linhas e estações, pouco antes de ser estatizada e transformada na TELERJ. Na tentativa de melhorar a situação, que não era só da Barra da Tijuca, o então governador do Estado da Guanabara, Carlos Lacerda, criou a CETEL (Companhia Telefônica da Guanabara), que viria suprir estas áreas, absolutamente desprovidas de serviço telefônico adequado.

Quando a CETEL começou a operar na Barra, as assinaturas de telefones eram oferecidas a domicílio aos poucos moradores, mas os telefones da nova empresa eram discriminados pela CTB e depois pela TELERJ. As ligações provenientes da Barra, por exemplo, para outras partes do Rio, custavam mais do que o contrário e as ligações para a Barra só eram possíveis discando, antes, o código 06, que passou, mais tarde, a 106. Era quase o DDD de hoje.

Em 1968, na já atual avenida Olegário Maciel, havia 28 telefones instalados e na avenida Sernambetiba, 21.

A avenida das Américas só aparece na Lista Telefônica a partir de 1970, com um aparelho ligado, na quadra 49, lote 6 (Desenvolvimento Engenharia Ltda. – Athaydeville), quando do lançamento das Torres da Barra, enquanto na Olegário Maciel, a Lista acusava 53 telefones.

Dez anos depois, em 1980, o número de telefones funcionando na Avenida das Américas já ascendia a 791, ficando em 123 o da avenida Olegário Maciel.

Deve-se, a bem da verdade, destacar que a Barra da Tijuca a esta altura era ainda um local considerado distante, sem o *appeal* de agora. O IBGE constatava, no seu *Anuário Estatístico* relativo ao Censo de 1980, que, na região formada pelos oito bairros, havia um total de 11.866 domicílios ocupados; 2.031 ocasionalmente ocupados, provavelmente usados em fins de semana ou períodos de férias; 4.096 vagos e 713 fechados, de destinação ignorada.

Passados três anos, em 1983, quando circulou a última versão da Lista por endereço, o número de telefones instalados na avenida das Américas saltou para 2.599 e o da Olegário Maciel para 138.

Deste último ano citado aos dias presentes, aqueles números estão multiplicados várias vezes, conforme dados da TELERJ e do IPLANRIO, mas ainda são insuficientes para atender à demanda sempre crescente.

Mas não só o aumento do número de linhas telefônicas instaladas serve como indicador para evidenciar o desenvolvimento da Barra da Tijuca. O aumento, igualmente constante, do número de estabelecimentos comerciais e de serviços, que, somado ao das moradias que foram sendo ocupadas, criou condições para que se instalasse na região uma grande rede bancária (agências e postos de serviço), que inclui os principais bancos que operam no país: Banerj, Unibanco, HSBC Bamerindus, Francês e Brasileiro, Brasil, Boavista, Itaú, Meridional, Caixa Econômica, Real, Bandeirantes, Banrisul, Fenícia, Mercantil de São Paulo, Sul Brasileiro, Excel e Bradesco. Alguns deles chegam a ter várias agências e postos de serviço.

Além dos bancos, o crescimento da população e mais a imposição da legislação que determina que, para cada grande condomínio, sejam construídas escolas, deixou uma confortável relação entre o número de alunos e as vagas oferecidas, em quaisquer dos níveis básicos. A rede pública de ensino, municipal e estadual, dispõe de 28 escolas, distribuídas pelos vários bairros e é suplementada por mais de três dezenas de outros estabelecimentos de ensino particulares, de muito boa qualificação.

Com a inauguração do novo Hospital Municipal Lourenço Jorge, que se soma à rede particular, constituída pela Casa de Saúde São Bernardo, a precursora, o Centro Médico Barrashopping e os mais novos e bem equipados Hospital Rio Mar e Hospital Barra D'Or, no momento a área da saúde está atendida.

Recentemente, os cursos universitários chegaram à região, representados por três Universidades e cursos isolados, também de nível superior, além de cursos técnicos especializados, sobretudo na área da aviação, como os de pilotos do Aeroclube do Brasil, funcionando no aeroporto da Barra; o de formação de pilotos de helicópteros, na Escola Helimar, na avenida das Américas, e de pilotos de ultraleves, no CEU - Clube Esportivo de Ultraleves, vizinho ao autódromo.

Os templos e igrejas as mais variadas confissões espalham-se pela Barra, desde os mais antigos e tradicionais aos mais novos, sobretudo evangélicos.

Os mais antigos são as tricentenárias igrejas de São Gonçalo Amarante, da época de Gonçalo Correia de Sá, no Camorim, e a de Nossa Senhora de Montserrat, construída pelos monges beneditinos, na Vargem Pequena.

Durante muito tempo, existiam exclusivamente essas duas igrejas, pois, só em meados dos anos 60, foi construída, na praça Euvaldo Lodi, a igreja de São Francisco de Paula. Além dela, existem agora, católicas também, a igreja da Imaculada Conceição, no Recreio, a de Santo Agostinho, no Condomínio Novo Leblon; no Barrasul, a capela de São Marcos e, no Alfa Barra, a de Nossa Senhora das Vitórias e, até na ilha da Jigóia, há uma pequena capela rústica, de madeira, devotada a São Francisco.

Capela de São Francisco na Ilha da Gigoia – 1997.

Outros credos estão igualmente contemplados com locais para seus cultos: a Igreja Messiânica, na avenida Olegário Maciel, o grupo de Estudos Espíritas Irmã Terezinha, no Recreio e, na Barrinha, a sinagoga da Congregação Judaica do Brasil.

Até no Barrashopping, quando da sua última expansão, foi reservado um espaço para um Centro Ecumênico.

Além de todas as mencionadas, deve ser destacada a Union Church, localizada às margens da lagoa de Marapendi, nos fundos do Condomínio Nova Ipanema, não só pela singularidade do seu projeto arquitetônico, como pelo seu caráter também ecumênico, em moldes parecidos com o da Cathedral of St. John Divine, em Nova Iorque.

Como os espaços existentes são generosos, tornou-se possível a instalação do Metropolitan, enorme casa de espetáculos, com 14 mil m² de área, para 6.500 espectadores sentados, dotada da comodidade de um amplo parque de estacionamento para milhares de veículos.

Não se limita ao Metropolitan a possibilidade para o lazer. Há, na Barra, dois teatros, oito galerias de arte e um museu, a Casa do Pontal, com 5 mil peças de barro e madeira, de autoria dos primitivos nordestinos, Mestre Vitalino e Nhô Caboclo, além de vinte e dois cinemas, que constituem recorde entre todos os bairros do Rio.

Se a cultura e o lazer estão bem servidos, o físico nada lhes fica a dever. Quatro das maiores academias para práticas esportivas da cidade ali estão instaladas, colocando à disposição dos seus usuários sofisticados equipamentos, que atraem, também, moradores de outros bairros mais distantes.

A região, de um modo geral, incorporou determinados comportamentos não comuns no resto da cidade, como as organizações comunitárias, que proliferam, muitas vezes concorrente entre si, esbanjando esforços que bem poderiam ser direcionados por uma única entidade forte e realmente representativa, que poderia melhor encaminhar os anseios e reivindicações da população local. Assim, entre outras, lá estão a Câmara Comunitária da Barra, a AMABARRA (Associação de Moradores e Amigos da Barra), a ACIBARRA (Associação Comercial e Industrial da Barra da Tijuca), a BARRALERTA, a Eco-Marapendi (ONG que se preocupa com a preservação do complexo lacunar da Barra), o Conselho Comunitário do Recreio, a AMABA (Associação de Moradores e Amigos da Barra Antiga – Barrinha), a Associação dos Moradores de Vargem Grande, a Associação de Moradores da Ilha da Jigóia, a APROLÁPIAS (Associação dos Produtores, Lavradores e Artesãos de Piabas), a SAJO (Sociedade de Amigos do Joá) e muitas outras, mais específicas, do tipo das Associações de Proprietários e Moradores do Porto dos

Cabritos, de Moradores do Barramares, dos Amigos do Park Palace e os do Greenwood.

Pelas suas ruas e avenidas circulam, segundo o Guia Rex, edição 1995, 37 linhas regulares de ônibus, proporcionando ligação direta com toda a cidade, fazendo da Rodoviária, no cruzamento das duas principais avenidas locais, uma das mais concorridas entre as existentes no Rio.

Por sobre todo este conjunto formado por comércio, serviços e lazer, com um grau de segurança melhor que o resto do Rio, sua população desfruta da possibilidade de usufruir, segundo o Cadastro de Logradouros da Secretaria Municipal de Fazenda, 58 praças, jardins e parques, 37 estradas e 114 avenidas – iluminadas por 2.742 pontos de luz, ainda insuficientes e não distribuídos eqüitativamente.

Nos últimos anos, mais precisamente a partir de 1991, com o arejamento provocado pela abertura da economia brasileira, outra característica se incorporou às muitas da Barra, o comércio de carros importados, sobretudo no eixo da avenida das Américas, onde cintilam as revendedoras das mais conceituadas marcas internacionais. Lá estão: Mercedes Benz, Subaru, Volvo, Land Rover, Susuki, BMW, Audi-Auto Union, Honda, Renault, Peugeot, Citroëm, Nissan, Toyota, Mitsubishi e Asia Motors, além das quatro montadoras nacionais e mais meia centena de autônomos, estes, de modo acentuado, nas avenidas Olegário Maciel, Américas e Ministro Ivan Lins.

O crescimento da XXIV Região Administrativa e a contribuição que seus bairros dão ao Tesouro Municipal podem ser avaliados pelos dados fornecidos pela Secretaria de Fazenda, relativos ao IPTU dos dois últimos anos (95 e 96) e o previsto para 97 (Tabela 1):

Os números que envolvem a Barra da Tijuca são sempre grandes e significativas são as dimensões e os planos de expansão dos grandes centros de compras e serviços instalados na sua região comercialmente mais nobre, avenidas das Américas e Ayrton Senna, os três principais ocupam o espaço de 285.101 m² (Tabela 2).

Esses números, que evidenciam a freqüência nos grandes *shoppings*, podem ser somados aos dos usuários e clientes dos três grandes hipermercados, do mais antigo – o Carrefour –, passando pelo Extra Supermercados, Zona Sul, Makro, Paes Mendonça, e, mais recentemente, o Bom Marché e a Casas Sendas, isto sem mencionar outros cinco ou seis de menor porte.

Chega a ser preocupante todo esse crescimento súbito, em face da inexistência de alternativas viárias de grande porte, capazes de aliviar e dar ordem ao tráfego e ao trânsito locais, exceto a chamada Via Amarela, que pode cortar dos dois lados, u seja, aparentemente pode melhorar a chegada e a saída da Barra, mas pode igualmente, pela facilidade que proporcionará, atrair mais gente, eliminando as possíveis vantagens.

TABELA 1

BAIRROS	NÚMERO DE IMÓVEIS*			ARRECADAÇÃO DO ITPU		
	1995	1996	1997**	1995	1996	1997**
Joá	470	472	528	1.299.207,	1.217.372,	1.566.850,
Barra da Tijuca	40.926	44.300	44.860	83.985.431,	84.976.334,	102.463.256,
Itanhangá	2.284	2.491	2.580	6.202.384,	6.551.311,	5.940.088,
Camorim	50	54	98	295.092,	299.295,	384.406,
V. Pequena	841	845	1.037	485.943,	493.138	779.767,
V. Grande	1.200	1.237	1.339	1.561.890,	1.072.612,	1.179.541,
Grumari	19	19	45	73.823,	51.823,	721.551,
Recreio dos Bandeirantes	9.256	9.961	10.578	19.072.085,	16.257.466,	18.528.120,
Totais	55.246	59.379	60.993	112.885.955,	110.919.351,	132.563.579,

Fonte: IPLANRIO/97

* Tomando como base o número de carnês do IPTU expedidos.
** Previsão para 97.

TABELA 2

SHOPPING	ÁREA TOTAL (M²)	ÁREA CONSTRUÍDA (M²)
Barrashopping	118.500	8.140
Casashopping	61.500	1.300
Recreio Shopping	42.00	32.000
Via Parque Shopping	105.101	2.00

Fonte: ABRASCE/92

Há pouco tempo, dentro da conceituação atual, só existiam três *neighbourhood shoppings*, centros de compras pequenos, para atender aos moradores das proximidades, os precursores Blue Sky, Condado de Cascais e o Rosa Shopping, mas hoje, além deles, somam-se mais de duas dezenas de outros com as mesmas características, além dos que estão em fase de construção, cada vez mais sofisticados. Estão se reproduzindo como cogumelos depois de chuvas fortes.

Boa parte deles, contudo, dimensionados fora dos padrões habituais dos *neighbourhood shoppings* e, por isso, certamente serão catalisadores de mais veículos nas vias públicas e mais dificuldade na circulação viária.

Nenhum chega a apresentar a maior das características de um "neighbourhood shopping", que é a possibilidade e a comodidade de freqüentá-los prescindindo do automóvel.

Indiscutivelmente, porém, sobretudo os mais modernos, constituem uma novidade, cujas vantagens ou desvantagens só o tempo dirá.

Exemplar de um dos inúmeros "Neighbourhood Shoppings" na avenida das Américas – 1996.

O desenvolvimento muito acelerado da Barra, nos últimos anos, pode ser quantificado, se outros dados forem tabulados, como os lançamentos imobiliários, residenciais e comerciais, apesar das inconveniências e adversidades das políticas econômicas e da inflação muito elevada que inibia grandes investimentos (Tabela 3).

Os valores numéricos até agora citados demonstram grandeza, que, entretanto, nem sempre eqüivale a uma melhor qualidade de vida. Já se nota na Barra da Tijuca saturação em certas áreas e situações que não eram sentidas com a mesma intensidade em épocas bem recentes.

TABELA 3

ANO	RES.	COM.	TOTAIS
1986	1.424	0	1.424
1987	1.426	113	1.537
1988	1.463	36	1.469
1989	1.823	0	1.823
1990	568	0	568
1991	514	0	514
1992	312	0	312
1993	3.177	37	3.214
1994	3.828	94	3.912
1995	900	1.996	2.896
1996	1.721	384	2.105

FONTE: ADEMI/97

Todas essas conquistas e desenvolvimento começam a cobrar seu preço. Como as moedas, elas têm duas face: uma agradável e simpática, outra desagradável e difícil de aceitar, como, por exemplo, o crescimento das áreas faveladas em expansão em toda área.

Esse aumento do número de favelas até pode ser explicado, pois sua população precisa estar próxima aos locais onde haja oferta mais abundante de trabalho, inclusive para minimizar o gasto com o transporte. E também, por que não dizer com todas as letras, a Barra que atrai seus moradores e os de outros bairros da cidade os atrai da mesma forma.

Infelizmente, os governos municipal e estadual, sobretudo entre os anos de 1976 e 1992, fingem não ver a gravidade da questão, fazendo vista grossa e permitindo a proliferação e o aumento destas áreas degradadas, chegando algumas vezes a entender sua incúria como um benefício social, deixando que milhares de pessoas desassistidas do poder público vivam promiscuamente, sem as mínimas condições de saneamento e higiene.

Desde a primeira favela, constatada como tal – a da Fazenda –, situada no Itanhangá, que data do ano de 1926, a população favelada aumentou sempre, passando, na década de 80 a 90, de 4.609 moradores a 10.974, chegando hoje a 16.842, nas 30 favelas cadastradas em toda XXIV Região Administrativa.

Em 44 anos, de 1926 a 1970, o número de favelas chegou a 18, enquanto, de 80 a esta data, praticamente dobrou, sendo que algumas delas com estímulo e proteção de governos populistas e demagogos, com conseqüências muitas vezes trágicas, quando dos grandes temporais (Tabela 4).

TABELA 4

BAIRRO	FAVELA	INÍCIO DA OCUPAÇÃO	POPULAÇÃO
Joá	Furnas	1947	265
Itanhangá	Tijuquinha	1951	556
	Agrícola	1956	514
	Muzema	1951	328
	Angú Duro	1931	279
	Fazenda	1926	275
	Floresta	1936	1.923
Barra da Tijuca	Rio Morto	1981	817
	Morro do Portelo	1983	710
	Cambalacho	1987	605
	Vila Nova	1971	537
	Vila da Paz	1986	332
	Santa Luzia	1979	150
	Vila União	1946	109
	Vila Autódromo	1986	388
	Rua São Tillon	1963	22
	Av. Américas Km 14,8	1967	240
Camorim	Caminho do Marinho	1958	540
Vargem Pequena	Palmares	1990	550
	Caminho do Bicho	1973	166
Vargem Grande	Beira do Canal	1976	1.406
	Vila dos Crentes	1961	246
	Estr. Bandeirantes 29.495	1953	131
	Estr. Bandeirante 29.192	1978	70
	Sitio do Pai João	1975	173
Recreio dos Bandeirantes	Canal das Taxas	1971	1.916
	Caeté	1953	120
	Chico Mendes	1989	1.000
	Vila Harmonia	1987	93
	Canal do Cortado	1951	523
	Restinga	1951	508
	Cachorro Sentado	1961	258
	Rua 8W 500	1985	250
	Vila Amizade	1982	466

FONTE: Favelas Cariocas: alguns dados estatísticos/IPLANRIO/93

Urge que providências sejam adotadas. As favelas que puderem ser urbanizadas e dotadas dos equipamentos mínimos que garantam aos seus moradores viver com conforto e dignidade, que o sejam, mas, do outro lado, as que estão em áreas de preservação ambiental ou corram risco causados por intempéries devem ser removidas ou erradicadas, como foram, recentemente, as favelas da Via Parque e a do Condomínio Marapendi.

De outra natureza, mas tão importante quanto as favelas, é o descaso com o inevitável estrangulamento da circulação viária na Barra, tanto nas suas grandes avenidas, como nas vias de menor porte.

As obras até agora feitas são paliativas e casuísticas. Não há, pelo menos que seja do conhecimento do grande público, nenhum arcabouço consistente de um plano para fazer melhor fluir o trânsito.

Ainda há tempo. É só olhar para trás. Desde 1951, há um planejamento para vias e artérias para a Barra, que, de certa forma, foi mantido no Plano-Piloto e que ainda pode ser reativado, sem grandes problemas.

Hoje há duas vias longitudinais efetivamente em uso: a avenida Sernambetiba e a avenida das Américas, que foi recentemente duplicada, mas que já dá nítidos sinais de saturação. Esquecem-se todos das outras alternativas, há muito propostas – as antigas vias 2, 4 e 5 –, que são, respectivamente, nada mais que as atuais avenidas Prefeito Dulcídio Cardoso, vizinha à lagoa de Marapendi; avenida Célia Ribeiro da Silva Mendes e a rua Alberto Bertelli, que se prolonga até as imediações do Bosque da Barra, paralelas à lagoa de Jacarepaguá e a avenida Embaixador Abelardo Bueno, correndo ao lado da lagoa de Jacarepaguá, que inexplicavelmente parou na avenida Ayrton Senna, deveria prosseguir, sempre às margens das lagoas, até a Praça Desembargador Araújo Jorge.

Isso não foi totalmente concretizado. Nos fundos do Condomínio Atlântico Sul, somente uma nova ponte foi construída, em 1998, depois de suas obras terem sido inexplicavelmente paralisadas durante muitos anos.

Por outro lado, em virtude da omissão e descaso das autoridade municipais, grandes trechos de ruas e avenidas foram "privatizados" por alguns condomínios, transformando-se em áreas de lazer. As vias em tais condições poderiam auxiliar muito na circulação interna de veículos, desafogando muito a sobrecarregada avenida das Américas.

Mas as autoridades municipais preferem não enxergar estas soluções; complacentemente passam ao largo desses abusos, que estimulam novos abusos, agravando a situação.

Hoje, apesar de tudo que foi feito e da melhoria nos acessos à Barra, repetem-se cenas esquecidas das décadas de 60, no tempo do prefeito Negrão de Lima, pois continuam sendo cada vez maiores as dificuldades de entrar e sair do bairro, seja qual for a opção escolhida. Para a Zona Sul, o entrave começa no início da avenida Ministro Ivan Lins, agrava-se no cruzamento obrigatório dos veículos que descem pela estrada do Joá e pretendem ganhar, já em São Conrado, o destino da praça Sibelius, onde tudo se complica de vez. O que vale para sair da Barra, vale igualmente para quem pretende alcançá-la.

São remotas, difíceis e caras as alternativas para atenuar este estado de coisas, dadas as restrições impostas pela topografia da cidade; por isso prenuncia-se difícil o futuro, sobretudo se nenhum tipo de transporte de massa, moderno e rápido, não for implantado para diminuir o fluxo de

Ponte sobre a lagoa da Tijuca, já congestionada desde 1968.
(Foto da coleção do Correio da Manhã */ Arquivo Nacional) – 1968.*

veículos, cada vez maior, nas suas ruas e avenidas.

Para a Zona Norte, na direção de Jacarepaguá, embora sejam constantes os engarrafamentos, a questão parece ser menos dramática, pois a duplicação das faixas de rolamento da avenida Ayrton Senna e dos viadutos, pelo menos durante algum tempo, aliviará a situação atual.

Este quadro é a rotina, o dia-a-dia, mas, se o foco passar para os fins de semana ensolarados, férias escolares e eventos que gerem deslocamentos de muita gente para a Barra e para dela sair, como no período das festas de fim de ano, nos eventos de porte no Metropolitan, nas promoções em *shoppings centers* e hipermercados, aí o caos será incontrolável.

Incomoda e preocupa, por isso, tomar conhecimento, através dos jornais, de notícias aparentemente boas, como a recente manchete do *Jornal do Brasil*, dando conta de que "Grandes empresas se transferem para a Barra", citando como exemplo, o Banco Icatu. Não é lugar que falta, é a infra-estrutura que vai chegando ao limite.

Quem já conviveu com estas coisas, em outras épocas e lugares, lembra que, pelos anos 50, coisa mais ou menos semelhante aconteceu em Copacabana, com a mutação do seu perfil, que de bairro residencial, aos poucos, foi se transformando num grande pólo comercial e de serviços, com o esvaziamento do centro da cidade, tornando irreversível o deterioramento da qualidade de vida de seus moradores.

Fato que aconteceu igualmente com a Tijuca, que tinha a praça Saenz Peña, seu ponto nobre, com seus cinemas de primeira linha, uma grande confeitaria, a Tijuca, equivalente à Colombo, sofisticado comércio e que hoje está degradada, suja e congestionada, sendo palco constante de disputa entre os camelôs, que pretendem fazer de suas calçadas um território livre, e a fiscalização municipal.

Todos querem o progresso e o desenvolvimento, mas todos querem também uma Barra que alie o que de bom possui com o melhor que o progresso possa proporcionar, mas com as vantagens daquilo que a natureza foi pródiga em conceder ao local.

Seria muito bom se nossos filhos, os filhos de nossos filhos e todas as gerações futuras, pudessem continuar testemunhando o vôo matutino e vespertino dos biguás, formando a sua característica esquadrilha. Que as garças que pontuam de branco a copa das árvores ribeirinhas, ainda existentes em grande número, não desaparecessem, tocadas pela ocupação predatória de seus santuários ou que os irerês, os patinhos selvagens que deslizam suaves na Lagoinha e na Reserva Biológica assim continuassem, como continuam presentes os micos que povoam as copas de suas árvores, encantando adultos e crianças. Já nem penso no jacaré papo-amarelo, do qual um exemplar está a salvo num tanque no Parque Chico Mendes. Porque isto já é pedir demais...

É preciso que o progresso não seja mensurado só por números, mas pela qualidade de vida que ele possa prodigalizar, pois, caso contrário, ficará para a posteridade na Barra da Tijuca somente o extraordinário pôr-do-sol, pelos lados dos Recreio: no verão, lá no Pontal, e no inverno, atrás do maciço da Pedra Branca. Ou o incandescente amanhecer, que só deixa ver os perfis escuros dos edifícios e das ilhas fronteiras ao canal da Joatinga.

Os administradores deste município têm a responsabilidade dessa compatibilização, não permitindo que as extensas áreas planas, cobertas ainda por vegetação nativa, sejam desregradamente destruídas, e que aquela planície, que outrora se chamou Campos de Sernambetiba, venha

Campos de Sernambetiba – 1995.

a ser, pela desídia e incúria deles com a coisa pública, ocupada por favelas degradantes ou espigões de gosto duvidoso.

Esta Barra, que foi conquistada com muito trabalho e hoje empolga a todos, habitantes ou não da cidade, tem que se protegida e preservada. Não com as quiméricas, ainda que respeitáveis, propostas de Lúcio Costa, mas com o cuidado de todos os que pretendem continuar vê-la como um Rio de Janeiro diferente. Que está dando certo, apesar de tudo.

Bibliografia

Abreu, Maurício de Almeida. *Evolução Urbana do Rio de Janeiro*. Rio de Janeiro, Jorge Zahar Editor, 1968.

Abreu, Sylvio Fróes. *O Distrito Federal e seus Recursos Naturais*. Rio de Janeiro, Serviço Gráfico do IBGE, s/d.

Accioly Neto, Antônio. *O Império de Papel, Os bastidores de O Cruzeiro*. Porto Alegre, Editora Sulina, 1998.

Amado, Eurico e outros. *O Livro do Rio*. Rio de Janeiro, Editora Desenvolvimento/Edições Gernasa e Artes Gráficas Ltda., 1997.

Araujo, Carlos. *Jacarepaguá de Antigamente*. Belo Horizonte, Carol Borges Editora, 1995.

Autores não especificados. *Rio Ano 2000*. Secretaria de Ciência e Tecnologia do Estado da Guanabara, 1970.

Barreto, Aníbal. *Fortificações do Brasil*. Rio de Janeiro, Biblioteca do Exército Editora, 1958.

Belchior, Elysio de Oliveira. *Conquistadores e Povoadores do Rio de Janeiro*. Rio de Janeiro, Brasiliana, 1985.

Bernardes, Lysia M. C. e Soares Maria Therezinha de Segadas. *Rio de Janeiro Cidade e Região*. Biblioteca Carioca, 1987.

Brando, Samuel Murgel. *A Serra do Mar e a Baixada*. São Paulo, Editora Moderna, 1996.

Brasil, Gerson. *Histórias das Ruas do Rio*. Rio de Janeiro, Livraria Brasiliana Editora, 1965.

Camões, Eduardo. *Rio Antigo por Camões*. Rio de Janeiro, Art. Collectios Studio Editora, 1993.

Chacel, Fernando Magalhães. *Parque da Gleba E*. Rio de Janeiro, Gráfica Riex Editora S. A., 1992.

COROACY, Vivaldo. *Memórias da Cidade do Rio de Janeiro*. Belo Horizonte, Editora Itatiaia, 1988.

COSTA, Waldemar. *Imagens de Jacarepaguá*. Rio de Janeiro. (sem indicação da Editora), 1995.

DELGADO DE CARVALHO, Carlos. *História da Cidade do Rio de Janeiro*. Rio de Janeiro, Biblioteca Carioca, 1990.

DUNLOP, Carlos Julius. *Subsídios para a História do Rio de Janeiro*. Rio de Janeiro, Editora Rio Antigo, 1957.

FERREIRA, João da Costa. *A Cidade do Rio de Janeiro, ensaio urbanológico*. Rio de Janeiro, Revista do Instituto Histórico e Geográfico Brasileiro, vol. 164, 1931.

FERREZ, Gilberto. *O Velho Rio de Janeiro através das Gravuras de Thomas Ender*. São Paulo, Edições Melhoramentos, 1957.

__________. *Um Panorama do Rio de Janeiro em 1775*. Rio de Janeiro, Revista do Instituto Histórico e Geográfico Brasileiro, vol. 233, 1956.

__________, *O Brasil de Eduard Hildebrandt*. Rio de Janeiro, Distribuidora Record de Serviços de Imprensa S. A., s/data. [Impresso na República Democrática Alemã].

FLEURY, Jean-Gérard. *L'Atlantique Sub de l'Aéropostale à Concorde*. Paris, Editions Denoel, 1974.

IPANEMA, Cybelle. *História da Ilha do Governador*. Rio de Janeiro, Livraria e Editora Marcello Ipanema, 1991.

LESSA, Carlos Ribeiro. *Salvador Correia de Sá e Benevides*. Portugal. Ministério das Colônias/Divisão de Publicações e Bibliotecas, 1940.

MAGALHÃES CORRÊA, Armando. *O Sertão Carioca*. Rio de Janeiro, Revista do Instituto Histórico e Geográfico Brasileiro, vol. 167, 1933.

MELLO JUNIOR, Donato. *Rio de Janeiro – Planos, Plantas e Aparências*. Edição da galeria de Artes do Centro Empresarial do Rio, 1988.

MOREIRA DE AZEVEDO, Manoel Duarte. *O Rio de Janeiro*. Rio de Janeiro, Brasiliana,1969.

NASCIMENTO SILVA, Fernando e outros. *Rio de Janeiro e seus Quatrocentos Anos*. Rio de Janeiro, Distribuidora Record, 1965.

NORONHA SANTOS, Francisco Agenor de. *Chorographia do Districto Federal*. Rio de Janeiro, Typographia Villas-Boas, 1912.

__________. *Meios de Transporte no Rio de Janeiro*. Rio de Janeiro, Typ. do Jornal do Comércio, 1934.

__________. *As Freguesias do Rio Antigo*. Rio de Janeiro, Edições O Cruzeiro, 1965.

NORTON, Luís. *A Dinastia dos Sás no Brasil*. Lisboa. Agência Geral das Colônias (Divisão de Publicações e Biblioteca), 1943.

NUNES, Guida. *Rio, Metrópole de 300 Favelas*. Petrópolis, Editora Vozes, 1976.

OLIVEIRA REIS, José de. *O Rio de Janeiro e seus Prefeitos (Logradouros e PAAs respectivos)*. Rio de Janeiro, Editora Lidador Ltda., 1977.

__________. *A Guanabara e seus Governadores*. Rio de Janeiro, Editora Lidador Ltda., 1977.

__________. *O Rio de Janeiro e seus Prefeitos (Evolução Urbanística da Cidade)*. Rio de Janeiro, Editora Lidador Ltda., 1977.

OLIVEIRA, Agenor Lopes de. *Toponímia Carioca*. Prefeitura do Distrito Federal, 1935.

PIZZARO E ARAUJO, José de Souza Azevedo. *Memórias Históricas do Rio de Janeiro*. Rio de Janeiro, Imprensa Nacional, 1945.

RAMIZ GALVÃO, Benjamin Franklin de. *Apontamentos Históricos sobre a Ordem Beneditina*. Rio de Janeiro, Revista do Instituto Histórico e Geográfico Brasileiro, tomo XLVIII, 1872.

RHEINGANTZ, Carlos Grondmasson. *As Primeiras Famílias do Rio de Janeiro*. Rio de Janeiro, Colégio Brasileiro de Genealogia, 1965.

ROCHA, D. Mateus Ramalho. *O Mosteiro de São Bento do Rio de Janeiro*. Rio de Janeiro, Editora Studio HMF Ltda., 1991.

ROCHA, Eclair. *Touring 70 anos. A Memória dos Tempos da Mão Inglesa*. Rio de Janeiro, Graphitour Empresa Gráfica, 1993.

RUDGE, Raul Telles. *As Sesmarias de Jacarepaguá*. São Paulo, Livraria Kosmos Editora, 1983.

SACRAMENTO BLAKE, Augusto Alves. *Diccionário Bibliographico Brazileiro*. Typographia Nacional, 1885.

SOUZA, Augusto Fausto de. *Fortificação no Brasil*. Rio de Janeiro, Revista do Instituto Histórico e Geográfico Brasileiro, tomo XLVIII, s/d.

VACHET, Paul. *Avant les "Jets"*. Paris, Librairie Hachette, 1964.

VÁRIOS AUTORES. *Tipos e Aspectos do Brasil.* Rio de Janeiro, Instituto Brasileiro de Geografia e Estatística, 1949.

VARNHAGEN, Francisco Adolfo de. *História Geral do Brasil.* São Paulo, Edições Melhoramentos, 1953.

VIANNA, Hélio. *Baixada de Jacarepaguá: Sertão e Zona Sul.* Prefeitura da Cidade do Rio de Janeiro, 1992.

VIEIRA FAZENDA, José. *Antiqualhas e Memórias do Rio de Janeiro.* Rio de Janeiro, Imprensa Nacional, 1921/1927.

Pesquisa

Para a realização desta pesquisa, foram consultados também os seguintes periódicos, revistas, listas telefônicas e relatórios oficiais:

1. Revista *VEJA*

   11/02/70 – 23/02/72 – 23/02/73 – 05/09/73 – 26/03/75 – 29/09/76 – 19/01/77 – 24/05/78 – 03/10/84 – 25/09/85 – 12/06/91 – 12/05/93

2. *O CRUZEIRO*

   30/12/79

3. *ÚLTIMA HORA*

   13/06/89 a 29/08/89

4. *FOLHA DE SÃO PAULO*

   12/04/91 – 23/07/95

5. *REVISTA MUNICIPAL DE ENGENHARIA*

   Nov/1938 – Nov/1939 – Abril/Maio/1950 – Jan/Mar/1951 – Jan/Mar/1971

6. *CORREIO DA MANHÃ*

   03/01/60 – 16/01/60 – 17/01/60 – 05/11/60 – 06/11/60 – 22/12/60 – 28/11/68

7. *O JORNAL*

   19/08/49 – 29/08/69 – 16/11/69

8. *VEJA RIO*

05/04/93

9. *REVISTA DE DOMINGO DO JB*

31/07/94

10. *JORNAL DO COMÉRCIO*

25/12/70

11. *ANNUÁRIO DO BRASIL*

1924

12. *REVISTA DA SUL AMÉRICA*

nº 121/ Set/1950

13. *DIÁRIO DE NOTÍCIAS*

15/01/55 – 16/01/60 – 19/01/60 – 06/11/60 – 08/11/60 – 16/11/60

14. *JORNAL DO BRASIL* (Classificados)

23/01/54 –03/01/60 – 12/01/60 – 22/01/60 – 31/01/60 – 14/01/61 – 15/01/61 – 21/01/61 – 18/01/61 – 14/01/64 – 16/01/64 – 03/01/70 – 04/01/70 – 07/01/71 – 18/01/71 – 25/01/71 – 04/01/72 – 21/01/75 – 25/01/75 – 26/01/75

15. *JORNAL DO BRASIL*

17/09/68 – 12/05/69 – 16/11/69 – 06/01/70 – 14/01/70 – 12/07/74 – 22/06/75 – 26/06/75 – 05/09/75 – 30/10/75 – 18/11/77 – 02/08/81 – 12/11/90 – 29/09/91 – 11/03/92 – 12/12/93 – 21/12/93 – 02/02/94 – 07/03/94 – 29/05/94 – 26/03/95 – 06/04/95 – 13/04/95 – 15/05/95 – 18/05/95 – 30/05/95 – 15/06/95 – 20/07/95 – 08/08/95 – 13/08/95 – 24/08/95 – 07/09/95 – 29/05/98

16. *O GLOBO*

11/03/52 – 19/03/52 – 20/03/52 – 10/06/52 – 18/03/52 – 08/07/55 – 02/06/69 – 02/04/80 – 05/07/84 – 03/03/85 – 27/10/88 – 24/11/88 – 07/11/89 – 26/11/89 – 28/11/89 – 20/06/93 – 03/08/95 – 17/08/95 – 24/08/95 – 24/08/95 – 07/09/95 – 28/09/95

17. *O ESTADO DE SÃO PAULO*

14/04/76

18. *ZONA ESPECIAL-5* (ZE-5) – Publicações da Secretaria Municipal de Planejamento e Coordenação – Decreto nº 3.046, de 27/04/81, do Prefeito da Cidade do Rio de Janeiro

19. *MANCHETE*

Out/1982

20. *ANUÁRIO ESTATÍSTICO DA CIDADE DO RIO DE JANEIRO*, IPLANRIO, 1991

21. *FAVELAS CARIOCAS* – Alguns dados estatísticos. IPLANRIO, 1994

22. *A CIDADE DO RIO DE JANEIRO*. IPLANRIO, 1993

Este livro foi composto na
Vida Informática ltda.
e-mail: junia@alternex.com.br
e impresso nas oficinas da
Editora Vozes
Rua Frei Luís, 100 – Petrópolis, RJ
para a
Thex Editora Ltda.
em agosto de 1999